U0142802

五南圖書出版公司 印行

Narrative Pedagogy: Life History and Learning

敘事教育學
生命史取向

Ivor F. Goodson, Scherto R. Gill ——— 著

鄧明宇 ——— 總校閱

丁奇芳、王勇智、洪慧真、張慈宜
陳永祥、蔡仲庭、鄧明宇、賴誠斌 ——— 譯
（依姓名筆畫排序）

致謝

感謝我們的同事Heather Stoner的全心投入，協助此項研究。還有我們的好友Garrett Thomson教授在針對哲學和道德的議題上與我們有一番發人深省的對談。我們也要向「生命學習計畫案」（Learning Lives project）的團隊致意，感謝他們所提出的見解、專業知識和評論，特別是Norma Adair博士在概念上的釐清和資料上的搜集，還有Liz Briggs對此計畫真誠無私的支持。

我們要特別感謝在此研究的參與者，與我們一起工作和分享故事，他們的合作和協同深含了友誼、慷慨無私以及善意。最重要的是，我們要感謝Guerrand-Hermès和平基金會，他們深信對話在研究學習與理解中的重要性，並慷慨贊助此項研究，促成此書。

前言

透過關係與交會當中所開展的敘說[1]學習

此書始於兩位學者一連串的對談，他們的研究計畫原本是各自獨立進行的，但後來交集成關於生命敘事的方案，對談在2008年熱烈地展開，當時Ivor Goodson致力於「經濟與社會研究委員會」（ESRC）所贊助的「生命學習計畫」，這是四年的縱向研究，探討人們生命和生命史的敘事，特別是在學習的面向上。Ivor特別關切他在所謂的「敘說學習」（narrative learning）上的定義和界定。在此同時，Scherto Gill正在發展一套碩士課程，結合生命敘事（life narrative）和師資培育。Scherto對個人敘事有高度的興趣，特別是對於它如何可能成為意義生產和學習之所在。

我們的對談很快地從敘說學習，轉到探討敘事作為對話交會（dialogic encounter）時的互惠關係。在這本書中，我們將敘事當作一種教育學（pedagogy），從此角度來看，與他人的敘事可引發「第三聲音」，意即人們在敘說交會時所協作產生的觀點。我們透過對話達成理解，這本書正是「第三聲音」的集成，是Ivor和Scherto互相對話時協作交會出的觀點。

身為這些對話的對談者和本書的作者，我們有共同的關懷。長期以

1　譯者註：Narrative在國內有些學者翻譯為「敘事」，有些學者翻譯為「敘說」。敘事強調說一個故事，敘說則強調如何被說的語境和脈絡部分，兩者各有道理。在本書中交錯使用敘事和敘說兩種翻譯，如果作為名詞則統一譯為敘事，如生命敘事，如作為動詞或形容詞或強調語境部分則傾向譯為敘說，如敘說交會，這正反映敘事（敘說）的兩個概念，重視社會性交會，或是重視故事架構（參看本書第5頁）。

來，學習都與自我性（selfhood）和主體性（subjectivity）的個人層面無關。近年來，許多教育者（包括我們自己）試著在教授和學習中鑽研「自我」（self）這個陌生領域。就此而論，生命敘事便成爲個人理解和詮釋意義的主要學習方法之一，也就是從自我內部展開學習。其間雖有各種冒險和挑戰，但對我們來說，這是很令人振奮的新領域。

總體來說，在這本書裡我們的對話和反思都在探索與圍繞在四大議題當中。

首先，我們希望從後現代主義的角度重新討論敘說學習與個人之間的關係。對我們來說，眞正的挑戰在於，自我往往是邊緣、片段、多重又不斷變換，個人如何能對其感知而形成過去和現在的經驗，以形成更具連貫性的未來行動，意義的形成往往是同時向內與他人之間進行嚴謹地協商產生的。

其次，我們希望大家注意到，社會研究使用敘事和生命故事作爲重要的研究資料，挑戰了社會研究者對傳統研究效度（validity）的理解，這也常常造成社會研究者的負擔。比方說，試圖保持距離和客觀性，實際上是不切實際也不可能的。因爲敘事和生活史研究的本質會自然拉近研究者和參與者的距離，研究者本身的參與和偏好會影響對參與者生平的看法、情感、相互關係以及研究者自身的反思。的確，以這種方式解讀社會研究，不可避免地會質疑以此種方式生產出來的知識的形式和本質。不過，與其迴避這麼明顯研究倫理上的地雷區，不如放開心胸正視這些挑戰和爭議。我們認爲敘事具有非常開放的本質，這正是這種研究的優點之一，因爲有一些其他的研究方法，將其倫理和社會性的議題都模糊了，甚至深埋在數字與統計的「迷宮」裡。

第三點，我們認爲現在應該要提倡這樣介入方法的重要性，即在社會研究中進行深入的敘事和生命史訪談。當研究者和參與者在協作中開啓全

然的覺察和尊重，他們對於自身及其動機的理解會發生重大變化，甚至反思自我生命在這個世界中的定位。這些理解上的改變是一種來自生命的學習，使人在與他人的關係和外在世界中獲得成長，最終成爲他自己。

第四點，我們有機會更明確地去探索教育過程如何導致個人有意義的改變和發展。在探討Goodson所謂「敘說學習」（narrative learning）（Goodson, Biesta, Tedder, & Adnair, 2010）的新方法時，我們想要指出生命敘事是一個學習場域，也是自我建構的主要場域之一。Goodson和他的同仁討論了與學習者相關的議題，將重點放在與個人敘事有關的學習上，因爲學習者已經身處敘事建構中，並不是要透過外在課程的涉入來產生學習。本書希望進一步探討這樣的學習方式，尤其是敘事如何成爲一種教學方法，如何可以更明確地培育個體自我意識的正向轉變。

雖然我們知道採取任何教育學時都會面臨到不同程度的問題和陷阱，本書仍然要從基礎理念談起。我們相信將焦點放在生命故事上，學習將產生自學習者內在的敘事風景。認識到生命經歷和生命敘事是重要的來源，學習的理由是每個人爲了其特定變遷路線以達到完整性，因此，讓個人有機會對自己的學習和發展負起責任。敘事教育學涉及對自我建構的反思，和進行型態的週期性反身性（reflexivity），其中心思想是相信個人的道德自我（moral self）會不斷發展和演變，在自我性、個人和社會行爲之間尋找平衡點。

當我們接受學習是從內部進行時，同時我們也深信將學習嵌入其所發生的人際關係和更深層次交會中至關重要。教育學的意圖很重要，它創造一個信任和安全的空間，關鍵在於有一個開放的氛圍，使個人可以輕鬆地分享自己在敘事中的經驗。作爲人類存有的的多個層面上，我們可以在這裡彼此相遇，包括認知、言說、情感和靈性。

在進行人類理解和學習時，以同時尊重內在和外在過程的方式，我們

想要特別注意敘事過程的社會和集體尊重。

本書的組織架構

本書分為兩大部分：第一部分回顧現有以敘事作為研究的方法論，這部分有四個章節。第一章概述生命史和敘事的主要概念，並特別強調敘事認同的核心概念。

第二章回顧敘事轉向和它對敘事和生命史基礎概念的影響，我們也介紹在探究時，敘事和生命史的不同做法，並提出研究人員面臨的挑戰，特別是有關研究倫理的部分。這裡討論的是在不同學科中將敘事作為方法論取向和做為研究資料的不同做法。

前兩章為敘事的方法論奠定了基本架構，包括建立敘事和個人認同之間關係的要點。

第三章以現有的研究經驗為例，詳盡檢視了敘事和生命史的研究過程。描述了訪談的對話，在對話過程中的協同分析和詮釋，以及從生命敘事轉到生命史的過程，也提出該領域的主要問題並進行探討，例如，是誰在詮釋誰的故事；當故事在研究中被推斷、分析、詮釋和重建，個人的內心世界又發生了什麼等。

第四章進入說明敘事和生命史研究介後，個人對自己的理解會進一步改變，甚至是有所蛻變，但也可能沒多大變化。我們再次討論到與研究有關的經驗，並提出一個看法──不同的人有不同的敘說能力和特質。當人們重新建構自己的生命故事時，這些因素決定了他們反思和分析的程度。

在第二部分中，我們探討敘說交會（narrative encounter）所促發學習和改變，並將敘事做為學習的教育場域。

第五章以Gadamer的哲學詮釋學以及Ricoeur和其他人關於敘事認同在

倫理的討論，來探究敘說交會的本質。我們強調全人（whole-person）交會的重要性，特別是情緒、關係和互惠性在敘說式學習中的作用。特別是，我們開始注意到這樣的問題，例如：「敘事如何改變個人對於自己生活經驗和意義的理解？」還有「敘事如何與個人的認同感以及他的行動產生關聯？」

第六章著眼於個人在敘事建構中的轉變，來回答以上這些問題。主要分析了生命敘事中個人和社會的本質，以及社會力量和權力機制如何形塑並且重塑敘事建構的過程。我們的分析證實了一些論點（在前兩章中有談及），敘說交會可以改變人們對自身及其生命故事的理解，最重要的是，使個人行為與他的價值觀和生活目的更為一致。

第七章，從敘說學習的理念開始，談到建構敘事教育學的理論。對現有學習觀念的狹隘提出批評，區分敘說學習和其他相似概念的不同，比如「轉化學習」（transformative learning），也指出敘事和敘說學習可以協同進行。因此，我們將敘事視為教育學，而不止是一種教學或傳達知識的技巧；敘事教育學涵蓋了教育者／催化者的認同和質地，也牽涉到其他部分，如互惠的敘說分享、互相關心、尊重和愛。

第八章帶我們回到開始的地方，重溫本書所提出關於理念、方法論和教育學的重要論點。為此，我們將重點放在敘事對於個人自我的重要影響，特別是在道德自我的發展上。我們以在教師培育中運用同儕敘事的學習為例，來說明敘事教育學在團體中的教學應用，還探討了敘事在其他團體中的應用，透過轉化記憶和理解，敘事如何改變社會中團體或社群的互動和共存方式。因此敘事重構不僅為個人創造了一套新的故事和道德觀，也為團體和社群強化自身的完整性和幸福感提供了基礎。

本書章節結構的注意事項

我們將這本書視爲一種學習上的努力成果，因爲它始於一段長達兩年的對談，給我們機會省思彼此的研究和教學經驗，以及我們合作的計畫。因此，本書的安排和章節結構試圖呈現我們經由對話理解的過程。

在每一章中，我們都盡可能介紹在研究或教學合作中所遇到的個人敘事的實例。

我們試圖提供不同視角的敘說實例，包括個人敘事、共同創作的文本以及從研究者角度摘寫的概述。

每一章的結尾，我們都盡可能記下我們（即作者）互相之間的簡短交流，這些對話交流也是我們自己的學習過程，我們與讀者分享這些對話，也試圖表達書寫本質上並未結束，而是持續開展中。

每一章的結尾都有進一步要討論的問題和推薦閱讀，希望這樣會讓文本更容易理解與更有趣，並帶來更多互動。

我們希望本書的結構反映出敘事螺旋性學習的特質，即敘事是不斷迴旋的進程。經由迴旋的過程，我們不斷的回顧和重新進入之前的學習，並持續尋找意義，在持續的進展中引發新的見解，並增進更好的理解。

推薦序：是方法也是行動實踐

「生活只能向前，但只有回顧才能理解生活。」

齊克果

「只有當我們回顧過去的時候，我們才產生現在的知識。」

余德慧《生命史學》

我們要如何「理解」生活，往往要透過回顧，回顧過去的經驗，回溯童年的記憶。在回憶的故事中，反映了一個人對自己、他人及對周遭的世界所持有的主觀態度。從一個人的回憶中，我們也許可以看到他生命的風格，這是阿德勒（Adler）的觀點。人們生活在故事裡，在故事中生活著。故事無所不在，與我們日常生活交纏在一起，而我們也從故事中學習，而這個學習又會反過來影響了我們的生活。我是故事訴說的對象，而自己也是故事的主人，透過說故事，建構了我們自己。

從80年代開始，社會科學就興起了一種「敘事轉向」（Narrative turn）。「敘事轉向」在學術界提供了一種新的哲學思維，這種思維的來源是多方面的，包括敘事學、詮釋學、結構主義、文學傳統、批判理論、女性主義、現象學、後結構主義等等，可以說是一種學術的重新框定。

在心理學界，首先發聲的可數Sarbin及Bruner等人。Sarbin在1986年大膽地提出了「心理學即故事」的說法，他在當時集結了來自不同學科領域的學者，共同合作完成了一本介紹敘事心理的著作《敘事心理學：人類行動的故事本質》。他在這本書中提出人類的思考、知覺、想像及道德抉擇都依據了敘事的結構。Sarbin也首次提出了「敘事心理學」這個概念，他主張用「敘事典範」作為方法論（methodology），以取代當時主流心理學的「實證典範」，這可以說是心理學「方法論的革命」，也常以此標誌

著「敘事心理學」的誕生。

在人文及社會科學領域，「敘事」（narrative）不只是一種探究事物的「方法」，它也是人類生活的一種「現象」，而個人是生活在故事中的。「敘事」取向在人文及社會科學中是跨領域的，從人類學到精神醫學、從歷史到神學、從大眾媒體研究到組織研究、從政治學到健康照顧等等，都開始轉向「敘事」研究。依Geertz（1983）的說法，「敘事」是一種「模糊的文類」（a mixed genre），它的應用是跨學門的。關於「敘事」研究的介紹，在本書的第一部份有較詳細的說明。

本書的另一個特色是作者將「敘事作為一種教育學」（Narrative as pedagogy），也就是「敘說學習」（Narrative learning）的概念，這是英國學者Goodson在2006年提出的，也是本書的作者之一。「敘說學習」強調我們不僅僅是從「故事」中學習，也同時在「說故事」的過程及場所中，在建構故事的過程中，學習訴說、聆聽、合作共學、建構／理解／再建構的一種學習實務活動。

「敘說學習」不僅將「生命故事」當作是一種促進學習的工具或媒介，「敘說學習」還可當作一種「學習實踐的場所」。在這「場所」中，彼此相互訴說自身的故事，是一種「敘說交會」（Narrative encounter），即彼此傾聽、共學、合作分享的教育場所，這是一種「教育學」。敘事作為方法（工具），同時也是一種「教育」場所，若兩者能夠動態的平衡，可使「敘說學習」達到最佳的效果。如何運用「敘說交會」，彼此能相互遇見，理解對方的故事，自由的學習。在這樣的學習歷程中，「敘事」提供了一種有活力的途徑，這種「敘說學習」是在日常生活的互動中進行的，彼此故事的對話，彼此分享反思，或可重新賦予新義。

在1990年，心理學家Bruner也提倡了「民俗心理學」（folk psychology），以區別於學院中的「實證式科學心理學」。他認為「民俗

心理學」可作爲一種了解「文化」的途徑，而敘事與文化有著密切的關係。Bruner是一位認知心理學家，後來也成爲「文化心理學」的主要推手。他提出人類思維有兩種模式：一種是基於邏輯－科學的模式，而另一種是敘事的模式。這兩種模式存在於所有的文化之中，而不同時間及不同區域所重視的程度不同，只是近代的西方文化比較偏向「邏輯－科學」模式。「敘事的認知」是人類普遍的一種「思維方式」，而人作爲一種複雜又具能動性的主體，可以經由「敘事思維」追尋或探究生命的意義，進而建構生命的意義，這是一種「意義的行動」。說自己的故事，也就是在「建構」自己的生命及意義，是一種「意義的行動」，有興趣者可以參看Bruner（1990）的《意義的行動》這本書。

Bruner的倡議「民俗心理學目的在擺脫傳統「實證主義心理學」，實證心理學往往採取「化約主義」（reductionism）觀點，成爲一種「只不過是」（nothing but）的心理學，這並「不適合」用來研究人。

身處於時代思潮的轉變，社會科學的相關領域，已逐漸擺脫十九世紀中葉的「科學」（自然科學）的魔咒，而重新「定位」（positioning）自己的研究方法，找回自己的「主體性」。這正是從「現代性」思潮，轉向「後現代性」思潮，「敘事」取向也逐漸成爲學術界及社會、企業界的主要論述了。

本書的特色，不但介紹了「敘事」作爲一種研究的「方法論」，更進一步的將「敘事」作爲一種「教育」的實踐之學。透過一種「敘事的交會／相遇」，建構一種「學習的場域」，學員可以在互動的過程中，訴說、反思、省察及重新定位，再建構出自己的生命故事。這一系列的活動與實踐，是一種「敘事學習」，呈現出一種「螺旋式」前進的歷程，在這個歷程中實現成爲一種「敘事的實踐」。

敘事的實踐與學習可以是一種探索的資源，甚至是一種「資本」，透

過這樣的資源，彼此互動訴說故事，可以引導我們以及團體朝向一種有意義的改變與發展。在彼此協作的學習中，體會及理解「生命」的奧祕，我們都是說故事的人，我們也成為了我們所說的故事。

　　本書是在2011年出版，現今又有中譯本問世。這使得「敘說學習」及「敘事教育學」有了理論及方法的指引，書中也援引了一些實務的案例。知是行之始，行是知之成；知行合一，敘事與實踐合而為一。「敘事」的理論及方法，應與「敘事的實踐／實務」結合。目前市面上尚缺少「敘事教育學」的論述書籍，感謝本書的譯者能將這本書介紹給我們。我自己在課堂也數度使用這本書，學生們獲益良多。希望「敘事與實踐」能往下扎根，成為生活中的一環，「敘事」不僅是一種方法途徑，也是一種生命的行動與實踐。

丁興祥

2020春

目錄

第二篇　敘事作為教育學

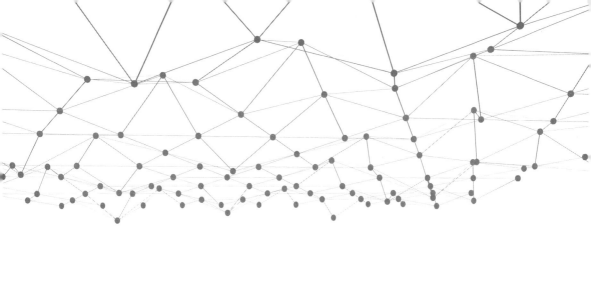

◆ 第一篇

敘事作爲研究方法

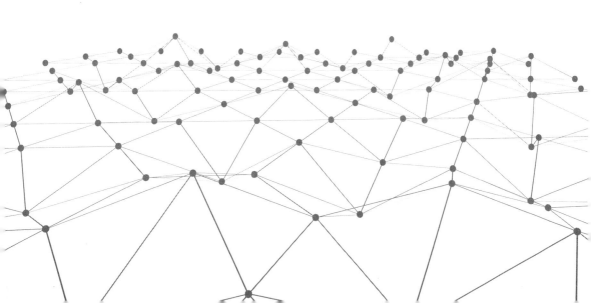

賴誠斌、丁奇芳譯

我們似乎必須先監督說故事的人，如果他們講的故事是有吸引力與美好的，我們就會選擇接受，否則便拒絕。然後我們再說服照護者和母親們，給孩子們講我們所選擇的故事，她們將用這些故事塑造孩子的心靈，更勝於照顧他們的身體。

——柏拉圖《共和國》，第2冊，頁377c

緒論

本章回顧了在社會研究和人類生活研究中使用生命敘事的相關文獻，主要是社會學、教育學和文學方面的文獻，例如，生命故事的創作和傳記研究。這些文獻回顧試圖把敘事放到概念和方法論的脈絡中來探究。

下面的部分，我們首先介紹在現有文獻中所用的主要概念，然後討論在這些已被定義和應用的概念之外，還有什麼不同的方式和其可能的假設。這些都會帶領我們去審視在社會研究與人類生活研究中使用生命敘事的哲學基礎。

一 生命和敘事

敘事（narratives）和故事（stories）在社會研究中有時可以互換使用。定義如下：

敘事（故事）在人文科學中暫時定義為針對特定聽眾的論述，以有意義的方式序列地呈現相關事件，從而提供關於世界的了解和（或）人們的體驗。（Hinchman & Hinchman, 1997，頁xvi）

這個定義強調了敘事和故事的三個共同特質：

1. 時間性（temporality）──所有敘事都包含了一系列的事件；

2. 意義（meaning）──個人的意義與重要性是透過生命經驗的述說才得以表達；

3. 社會性交會（social encounter）──所有的敘事都有對象，並且不可避免地會受到說者和聽者兩者之間關係的影響。

Gergen（1998）提議從更多的角度來描述敘事的其他特性，他認為其應有如下的特質：

1. 有用的觀點或某個重要結果：這與意義和意圖有關，但Gergen認為，故事的重點在於它必須有價值，這一點受到說故事之人的影響，並與故事背後的文化脈絡有關。

2. 故事中被選擇講述的事件都與結論有關：Gergen將敘事視為尋求「本體論的結果」（ontological consequences），即說故事的人不會所有的事件都講，只會講那些有助於結論的部分。

3. 事件的順序（order）：這一點與之前提到的時間性相關，但Gergen用Bakhtin（1981）的話進一步解釋，即事件的時間順序受到「事件代表性」（representability of events）需求的影響，這也與上述第一點和第二點相關。

4. 認同的穩定性（stability of identities）：這個特質是指，故事當中的角色性格特徵隨著時間發展是持續或一致的，除非故事想說的是改變。

5. 因果連結（causal linkages）：故事情節是用來解釋結果的，它們之間存在因果關係。

6. 地界標誌（demarcation signs）：Gergen認為這個特質和之前所提到的時間性特質不同，它是指故事的開頭和結局。

顯然地，Hinchman等人關於敘說特質其定義強調了社會互動在敘說建構中的重要性，以及人類經驗轉化成意義的過程。（在第五章敘說交會的本質中我們會有更多討論。）相較之下，Gergen關注於故事的結構和情節的組織，以及它們是如何透過講故事的人所假設的內在價值或意義而建構起來。我們認為這兩種敘事的概念：一個重視社會性交會，另一個重視故事的架構，這正可以幫助我們解釋以生命史方法來了解敘事，和以敘事方法來探究故事這兩者的主要不同（我們會在第二章仔細審視這些不同）。

然而，生命敘事的這些特質雖然不同，但都有一個共同的假設，即在個人敘事中，活過的生命和被說出的生命這兩者有重要的關聯性。的確，人的生命經驗和敘事之間的關係有很多哲學視角的討論，特別是從詮釋學的角度。一些思想家認為，生命和敘事有內在的關聯性，人的生命是在敘事中被詮釋出來的。（見MacIntyre, 1981；Ricoeur, 1988, 1992）。

對這些作者來說，人的生命可視為敘事的詮釋歷程。也就是說，生命是有意義的，但意義是隱含的，可經由敘事而顯現。敘事的詮釋學解釋（hermeneutic interpretation）根植於不同的思想流派，包括Gadamer認為透過對話達成理解，從而產生「視域融合」（fusion of horizons）。後面的討論中我們會再回到這個部分，尤其是在第五章。

現在讓我們回到生命敘事的定義，以及為什麼它是需要被探索的重要性。概略地說，有三個原因吸引社會學家去比較活過的生命和被說出的生命。

　　首先，敘事一直被視為是一種人類天生具有概念。根據Roland Barthes的說法：

　　敘事存在於每一個時代、每一個地方、每一個社會；始於人類最早的歷史，世界各地和所有的民族都有敘事存在。（Barthes, 1975，頁79）

　　同樣地，Ricoeur（1984）也說，生命（某種意義上還有時間）經由敘事並在當中成就了人。人的生命一直深深地嵌在敘事之網中，個人、社群、文化和國家可以在其中表達他們是誰、從何而來、如何生活以及渴望什麼，因為我們的意義感、自我、價值和志向都基於我們的敘事。所以敘事是一個人的核心（Grassie, 2008）；敘事對於人類在生活中建構一致性和持續感是很重要的（Taylor, 1989）。同時，敘事也允許個體修改、調整和改變他們的故事，也因此個體的生命經驗得以轉化。

　　其次，人類的生命有時候是整齊有序的，更多時候卻是雜亂無章的，但敘事的情節性和時間性卻可以幫助我們設定明確的架構和組態，去發展方向性和一致性的行動（MacIntyre, 1984）。MacIntyre認為，敘事可以幫助解釋人類的行動，因為在敘述生命經驗時，個人也考慮了他們在歷史情境中的角色或他們所歸屬的情境，從而特意採取某些行動（出處同上，頁208）。在這反思歷程中，個人藉此機會「寫下更進一步」的歷史。如此，在敘事的建構中，人的行為與他們的意圖、價值觀和目的結合起來。根據敘事建構，當個人敘述自己的生命經驗時，他便如他所說的那樣在生活。生命變成「被演出的敘事」（enacted narratives）（出處同上）。這一點強化了生命與敘事之間的相互關係：生命構成敘事的根本基礎，而敘事為生命提供了順序、架構和方向，以更豐富與更整合的方式發展其意義。

　　第三，社會學家熱衷於探求生命與敘事之間的複雜關係，因為這種關係對另一個概念有深遠的影響，即敘事建構的自我認同。認同本身不能只被當作一個心理學概念，它同時也是文化的、歷史的、社會的和個人的。

　　認同的概念已經從許多角度被定義過，有時定義歧異，有時又缺乏定義，實在讓人困惑。儘管如此，認同和敘事有著內在的關聯，我們有必要簡單回顧一下其中的一些定義，以了解這個概念。

■ 從敘事角度來看認同概念

　　認同（identity）在心理學、人類學、文化研究、社會學和心理治療各學科中有不同的定義。我們對這個概念的定義主要放在生命敘事，即敘說認同（narrative identity），它與幾個學科都有關聯。

　　敘說認同是Paul Ricoeur提出的論點，之後在人類生命研究中被廣泛應用。敘說認同是關於個人或團體在回答：「誰做了什麼？誰是行動者？誰是作者？」等問題所做的敘述（Ricoeur, 1988，頁246）。Ricoeur稱：「自我理解是一種詮釋，是在敘事中發現自我」（1992，頁114）。他探索時間和敘事之間的關係，並得出結論，時間只存在於敘事之中，它是一種現象學和宇宙論的時間（1988，頁241-244）。

　　Ricoeur認為自我（self）同時包含兩種認同的概念：[1] 固定認同（idem-identity）和敘述認同（ipse-identity）。Ricoeur認為固定認同是始終不變的自我，但這種說法可能不是最貼切的，他描述為「信守諾言」（keeping one's promise），它包括遺傳上的身分確定以及身體上與精神上持續的自我認同；而敘述認同是自我如何回答「我是誰」的問題，它的存

1　譯者註：idem-identity有些學者翻譯成同一性認同，把ipse-identity翻譯成自性認同。

在不是永久不變的。因此，個體的特徵是：

可以幫助我們確定這個人是同一個人的一組區辨標示，根據這些給定的區辨特徵，個體由包括量和質的認同所組成的，認同隨著時間不會被完全中斷而保持延續的。（Ricoeur, 1992，頁XX）

「敘述認同」或「自我同一性」（self-sameness）中的自我，其特色是在敘說生命故事或者閱讀和聆聽他人的故事時會不斷變化。Ricoeur認為，敘事在各種不同的辯證關係中有重要的調節作用，包括和諧與不和諧的人類經驗、作為生活與作為說的敘事、創新與傳承的敘事、真實與虛構、實然與應然、獨立的我思（exalted cogito）[2]與破碎的我思（shattered cogito）、個人作為闡釋者與被闡釋者（作為自我生命的讀者還是作者）以及作為生活的世界與敘事的世界。

Ricoeur認為，我們要用一個人一生的故事來回答「我是誰」這個問題，因此，敘說認同（narrative identity）「最主要就是自我一致性（self-consistency），當然它可能有所改變或受他人影響，它是人在一生歲月中凝聚而成的。」（Ricoeur, 1988，頁246）。McAdams（1996，頁307）也同樣認為：「內化和發展中的自我敘事是同時融合了過去經驗的重建、當下的覺悟和可預見的未來」。因此，它使得個人得以在連續性的基礎上來過活。

以此定義的敘說認同並不排除自我認同的一致性和連貫性，也不排除可能有的調整、改變和轉化，相反，認同的一致性和連貫性正是後結構主

---

2 譯者註：我思（cogito）是笛卡兒重要的哲學命題，Ricoeur重新以不同的角度來詮釋我思。

義和後現代主義者所提出的主要挑戰。據Sarup（1993）的見解，後現代意指現代性（modernity）之後，它指的是最初跟現代性有關的社會型態開始消散。後現代主義（postmodern）認爲自我是非中心化和多重的，暗含著對需要形成認同的焦慮（Turkle, 1995）。這個觀點認爲認同總是隨著時間、聽眾和感知的變化而不斷調整。

敘說認同處於後現代思潮的何種位置？

讓我們簡要分析一下現代性到後現代性的進程，看看後現代如何看待認同。Lyotard（1979）指出，後現代的出現是對「宏大敘事」（grand narratives）的反思，人們開始認知到它所主張的前進、解放和自我成長觀點其實都可以放棄。相對於宏大敘事，Lyotard呼籲採用一系列的微觀敘事（les petites rêcits），其有「突發、偶然、暫時和相對」的特質，爲原本以支配性信念和價值觀立場的傾倒提供了論據。這種傾倒同樣也適用於自我認同，自我不再被視爲固定不變、統一和本質的，相反地，自我總是不斷被解構。

Rob Stones（1996，頁22）用後現代的方法來進行社會科學研究，並提出其特徵爲：

1. 尊重多重視角的存在，反對以某個特別角度來看而得出單一眞理的論點。

2. 以在地脈絡的研究代替宏大敘事。

3. 相對於有序、連續和限制，強調無序、變化和開放。

其他學者研究了宏大敘事和權威決斷被拋棄的可能原因。例如，根據Lyon（2000）的論點，後現代性有兩個特點：新媒體技術的興起和消費主義（consumerism）在社會中的主導地位。

根據Lyon的論點，新媒體技術使傳統權威受到個體的質疑和挑戰。非權威資訊經由現代媒體的傳播，模糊了「現實」（reality）和被投射的

「意象」（images）之間的界限，造就了大量豐富的框架讓個人去使用，以建構他們的經驗，從而形塑他們對自己的認同。在這種情況下，認同變得碎片化且不穩定。

與此同時，消費主義的強大影響力，即「消費的力量」（the power of consumption）為個體提供了更多的機會去重新定義它們自己，以擁有一個「可塑性自我」（plastic self）。這樣認同變得靈活，個體可以儘可能有更多體驗，然後創造出一個「表達性自我」（expressive self），以尋求內在敘事的真實性和完整性。

因此，自我是具有多重面向的，在個體的建構中，自我有獨特的脈絡，個體在這個脈絡中形塑他們的經驗。消費選擇和媒體影響同時一起發生作用，這兩者的結合突顯了認同是個沒有最終答案的問題。這一方面讓人高興，因為個人可以自由地建構他們自己，另一方面又讓人擔心，因為內心深處人們不再清楚自己到底是誰。

後結構主義者進一步認定，自我存在於語言和論述（discourse）的建構中，因此語言對認同有重要影響，因為論述本身是易變的，語言則進一步使個體對自我的感受變得不穩定，認同成為一種談論自我的方式，一種不斷變化的話語力量（Butler, 1990; Foucault, 1972）。在這個意義上，認同在我們互相之間的交流中得以表達，它是變化的、暫時的與論述當下的語境有關。認同也透過人與機構之間的相互作用來建構，另外，我們在討論認同時，必須要把時間和空間／定位的概念考慮進去。

後現代主義者特別強調，認同是透過動態循環的權力而建構的，而權力往往導致離散的領域。權力和論述之間的複雜關係讓女性主義者以全新的眼光探究認同和「性別的意義」（gendered meanings）。這也是第一次認同（例如性別認同）被視為一種倡權和一種展演，用Judith Butler的話來說，認同是一種敘事，「大家心照不宣地集體共識去表演、去生產，

並把離散和兩極化的性別當作是文化的虛構物，它是某種堅信的產物，使其他部分無法顯露，並且懲罰不願意去相信的人」。（Butler, 1999，頁140）。

Erving Goffman[3] 也把自我看作一個表演的角色，他認為：

自我並非是有個具體位置的有機物，它的基本命運是出生、成熟和死亡，它是在每一個當下的場景中進行表演從而產生戲劇性的效果。（Goffman, 1959，頁252/3）

雖然表演性認同（performed identity）這個論點，與其他女權主義作家如Carol Gilligan（1982）、Nancy Chodorow（1986）和Dana Jack（1991）提出的關係性自我（relational self）的概念有所不同，然而它們的基本前提是一樣的，就是挑戰現代主義關於自我存在一個基本核心這個概念。

批評者認為，以後現代主義的角度來理解認同和主體性，有時會過於強調主體性的不穩定，而把主體當作是虛構和想像的，或者是用權力和「監管」（policing）對固著認同（fixing identity）進行介入和生產（Hekman, 2000）。Hekman認為這是一種困境，因為：

一方面，女性主義理論家受到後結構主義和後現代主義的影響，認為認同是被建構的，是易變的，她們排斥現代主義者虛構的固著認同，認為這既是錯誤同時又危險。另一方面，認同政治（identity politics）的實踐

---

3 儘管這本書無法讓我們更詳細地探究認同的表現，但我們當然知道Goffman、Bulter和其他人的著作對這個取向的重要性，這對敘事和生命史的未來研究是重要領域。

者在構建新的、更合意認同的過程中，無意中又使某種認同穩定下來。從內部，他們透過施行某個特定的認同來監管成員，從外部，他們讓國家監管主體，在政治世界中維持了一種統一和錯誤的同質陣線。問題是，原本被認爲是流動的認同在政治世界或法院的條例中都變得無法自由移動。因此，遠遠無法像這些理論家所期望地那樣把認同和政治關聯起來成爲解決問題的方法，認同政治反而已經擁抱一個特定且穩定的認同，並把它當作政治行動的前提條件。（出處同上，頁297）

Hekman還指出，認同的多樣性不允許所有認同在同一個人身上和諧共存，對於個體來說也就不可能把所有的「自我」（selves）同時放到檯面上來考量。

以上這些關切點表達了一些後現代主義者對自我的概念集中在兩大主題上，兩者對於敘說認同都很重要。第一個主題關注自我的根源—Charles Taylor已經以一種極其優雅的方式寫下了他的看法；第二個主題與人類在這個混亂的、碎片化、多重的世界中的渴望和行動有關。

事實上，傳統的界限已被打破，個人不再只是從宗族、機構、文化、種族、國族和其他根源建立自己的認同。如今，人們有各種不同的群體，一個人可能同時屬於很多群體。種族、性別、意識形態、父母、家庭、教育、工作場所、媒體、政治、宗教和國籍，這些會同時影響個人建構自己的認同。Sarup說：

一個人從來不是某個單一群組裡面的單一個人或個人，他有能力去「管理」自己內部的各種不同特質，這些不同特質爲他創造了一個空間，在這個空間裡A他擁有詮釋的自由。（1996，頁25）

　　個人是根據他所在的群體，在不同的時刻去進行自我認定，認同常被不斷進行重構（參見Wenger 1998年《社群實踐》（communities of practice）一書）。有學者指出，後現代主義思想家並不一定會把認同與社區成員和角色區分開。Castells（1997，頁6-7）進一步解釋：「對於一個個體或一個演員，可能存在多重認同」。不過，他也提醒我們，多重角色和認同可能產生的影響，因為「這種多重性在自我表徵和社會行動中是壓力與矛盾的根源。」（出處同上）。這是因為認同必須與傳統上社會學家所說的角色（roles）和角色組（role sets）分開，角色是由社會機構和組織建立的規範所定義的，影響人們行為的相對風險權重取決於個人與這些機構和組織之間的協商及約定（出處同上）。

　　Hekman（2000）借鑒了Glass（1993）的觀點並認為：「後現代關於自我和認同的概念是危險的，某種意義上，它描繪了類似於多重人格障礙中斷裂和碎片化的自我。」（Heckman, 2000，頁298）。

　　這導致了第二個問題。毫無疑問，認同的概念從社會和論述的角度來看剛好與心理學相反，後者強調個體的獨特人格是持續穩定的實體。然而，正如Castells所指出的，認同的混雜和多重性並不能解釋人的行為和一貫的行事風格。事實上，如果缺乏穩定的自我感，個人不可能有一致的選擇和行動。

　　我們感興趣的問題是：如果否定了認同的統一性和連貫性，生命史研究的參與者還能透過敘事來尋求一致性嗎？我們相信，大多數人講述他們的生命經驗，企圖達到內心世界與外在現實的一致。這種自我的社會建構方法對於個體認同自己以及自己在社會群組中的行動很重要。我們想在這裡強調，生命史研究關注個體實際上如何敘說他們的生命經驗，而不是他們應該如何。因此，生命史研究試圖避免某些後現代基本教義派的命運。

　　後現代主義的一個主要悖論是，社會生活越是易變、靈活、多重的，

個人越可能尋求安全感和一致性來支撐自己。因此Hekman提出了「對主體組成採取了一個中間立場，行為者既不是本質論的也不是外在物質的化身，而是擁有一個穩定性概念的自我。」（出處同上，頁298）。

根據二十一世紀經驗到的複雜變化，Giddens（1991）提出了不同的論點。他把這個時代稱為「高現代」（high modernity），而不是後現代。按照Giddens的說法，後現代（不過他用「高現代」）是現代性發展完善的社會，是後傳統的（post-traditional），但是仍然保有現代性的很多特質。這樣的現代社會生活的主要特點是「時空的重構對過程造成深遠影響，……社會關係不受限於要固定在某個特定場域，……可以跨越時間與空間的距離（出處同上，頁2）。Giddens（1990；1991）在他的著作中進一步闡述了後現代主義的特質，包括徹底的懷疑、不確定性、多重選擇、對信任和風險的重新考量與運用。這些特質導致了一系列的變化，比如道德優先順序、個體的私人（個人）生活和公共（社會）生活之間的關係、知識和社會機構間的關係、人的行動和選擇之間的關係，以及最重要的是理解和建構自我認同的模式及機會。

因此，Giddens認為，在這些複雜的運作中，自我在高現代中變得具有反身性計畫（reflexive project）：

> 在現代性的後傳統秩序下，面對這些間接經驗所出現新形式的背景，自我認同是進行反思性組織的努力。對自我組成的反身性計畫是為了維持連貫性，然而會持續修訂，因為傳記敘事包含了多重選擇……（1991，頁5）

Giddens進一步認為，人的自我認同對其本體論安全是很重要的，它可以是同時「穩固」和「脆弱」的。穩固是因為「它可以牢牢撐住人在社

會環境中因移動所引起的矛盾張力和轉變」。脆弱是因為「個體在內心反思出的傳記敘事，只是眾多潛在故事中的一個故事，這些故事都可能在人的發展中被說成某個自我。」（出處同上，頁54-55）。Giddens強調了在日常生活中保持自我認同連續性的重要性，他把個人的自我認同看作是讓自己有能力去「保有一個特定敘事可以持續進行」（出處同上，頁54）。

在這一點上，Giddens同意Charles Taylor的說法，Giddens寫道：「為了知道我們自己是誰，我們必須知道我們如何變成現在這樣，以及我們將去向何方」（出處同上）。在這個意義上，Giddens提出「反身性計畫」，這不只是對自我（the ego）的自戀意念，而是涉及了對於成為一個「人」意味著什麼的理解，它與自我（self）和他人都有關，促使個體在變動脈絡中使用「我」的能力以形成人的概念（出處同上，頁53）。

在後現代主義中，個人意義弔詭地被放在研究的中心，Giddens提出「存在的疏離」（existential isolation）所引起的倫理議題，他呼籲要用「生命政治」（life politics）面對，「其同時在個體和群體層次關心人的自我實現」（出處同上，頁9）。

在這個轉折時刻，讓我們回到先前關於人類行動的討論。敘說認同可以提供切入點，作為討論「價值生產能力」（value-generating capacities）的敘說功能（Gergen, 1998）。進一步來看，一些研究者認為生命敘事和道德（倫理）自我的發展有關係。Ricoeur在《時間與敘事》的結尾提出：

　　自我認識的自我並不是自我主義（egotistical）和自戀的自我，不是如詮釋學提出懷疑時所指責的虛偽和無知，像是擁抱意識形態的上層結構

或幼稚與精神官能性的擬古主義（archaism）[4]。自我認識的自我是對生命經驗進行檢視後的碩果……（Ricoeur, 1988，頁247）

　　Ricoeur進一步把道德自我或道德認同放到文化和社群脈絡中進行探究。同樣的，Taylor也把敘事和故事放到道德層面。他認為，認同是由「承諾和肯認」（commitments and identifications）來定義的，它們提供了「框架和視域」，幫助個體「根據不同情況確定什麼是有益、有價值和應該做的」，或者一個人支持什麼和反對什麼。也就是說，定義一個人的認同就是把這個人能夠「選擇立場」（taking a stand）的能力放到視域來考量（Taylor, 1989，頁27）。

　　Taylor主張採取倫理立場作為視域的這個論點，也被MacIntyre總結在他的文章裡，他把社群加入了個體的道德認同中：

　　人生活在他的行動和實踐中，也生活在他的虛構中，人實質上是一個講故事的動物。人不僅是是成為故事的說者，更是透過他的歷史來尋求真實。對於人的主要問題並不是他們的著作權，而是如果我可以回答「我在哪些故事中看到自己？」才能回答「我要做什麼？」（MacIntyre, 1984，頁211）

　　因此，我們的敘說認同澄清了這一點，即對我來說是有益的，必定對我所參與的社群來說也是有益的。Ricoeur進一步指出，敘說認同這個概念可以同時適用於個體和社群，因為個體和社群「透過敘事來建構認同並最終成為他們真實的歷史」（1988，頁247）。

---

4 譯者註：擬古主義是指刻意模仿古代的表達方式，包括語言、風俗等。

三 對敘說認同論點的挑戰

上述的內容探討了生命與敘事，並延伸討論其與敘說認同之間的關係，關於這些概念還有很多需要討論的議題。[5]

第一個問題涉及自我知覺。如果一個人透過生命故事在建構認同，那麼他／她在這樣做的時候，也在否認可能有的犯錯風險，或者建構錯誤的認同。這種理解自我的努力排除了錯誤理解的可能性。這個挑戰不同於對社會建構主義的典型批判，即認為自我和世界是透過它們的相互作用而被感知的。這在本質上是一個哲學問題，本書沒有作出這個層面的回應。

第二個問題涉及自我著作權（self-authorship）。Ricoeur和其他學者認為，如果生命是用故事來講述的，那麼每個人都是他自己的作者，而把個人與他的生命切分開來的作法可能是有問題的。個人與他／她的生命之間的關係，比作者與他／她寫的故事之間的關係更加緊密。即使一個人可以（在她的敘說之後）生活得不一樣，這個人的生命仍是當時的我。人與生命的關係，不能像從我之中分出某物，像是故事來自作者那樣的關係。

第三個問題涉及敘事或故事存在的理由。故事是基於需要被閱讀而創造出的，如同敘事需要聽眾。它們的建構受到潛在讀者的關注點和興趣的影響。但是如果我們把自己當作只是聽眾，把對方當作是獨立於我們存在的客體，這是讓人感到受辱的錯誤。同樣荒謬的是，只把自己以及自己的生活當作是一部電影，或者僅是一系列的影像與故事。

除了上述問題，這個概念還有很多方面容易被誤解。比如，很多故事都有基本情節，但是現實生活卻很模糊。舉例來說，有一個情節是關於英雄光榮回家，但事實上，沒有人是純粹的英雄或者壞人。我們在現實生

---

5 我們要感謝我們的朋友和同事Garrett Thomson分享他對這些挑戰的想法。

活中的角色是更加模糊和碎片化的。故事在道德層面上總是非黑即白，但即使添加灰色，我們的生活也不一定能解決道德議題。也就是說，道德感並不是我們在日常生活中所使用的唯一或主要的評價角度。對大多數人來說，生活並非如故事中那樣總是由道德所驅動的。這裡的道德是指，透過故事培養一種獨特的價值觀，促發某些觀念或行為。

此外，一個人對自己的理解必然比任何故事或者故事中的角色更加複雜與豐富。相較於已經被說出來的，總是有更多還未說出口的。這說明了，一個故事乃至一系列敘事的見解，不足以讓我們獲得對自己的理解。

一個人可能會覺得，他或她是按照某個特別情節在生活的，並根據這個情節來行動和預測，但是現實生活總是不確定的。因此，人類生活的本質是混亂、模糊和不確定的，這對敘事研究者和生命史學者來說是一個很大的挑戰，因為他們的研究主要是透過與參與者一起協作來詮釋和分析他們的敘事，用以了解個體的生命經驗如何轉化成意義。然而，也正是因為這些挑戰的存在，敘事和生命史才成為令人振奮可以進行探究主題。

▌問題討論

後現代主義者挑戰了自我感是在尋求連貫性（coherence-seeking）的這個論點。在這一章的綜述中，很多學者在討論敘說認同的概念時，引發了一些爭議，我們稱之為後現代主義的悖論（paradox of postmodernity）。也就是說，在這樣一個混亂、碎片化以及多元的時代，個體必須尋求一致性和連續性，而不只是接受多重性的觀點。

後現代主義的悖論進一步挑戰了敘說和生命史的研究者。正如我們之前已經指出的（後面的章節也會繼續探討），產生意義感以及擁有一致的自我感，對個體的完整性以及肯認個人在世後續系列行動以符應個人認

同，是至關重要的。

我們之後也會討論，很重要的一點是，我們不僅要區分個人敘事中自我性的「內在」狀況和矩觀世界的「外在」關係，也要在內在狀況和外在關係之間建立橋梁以便個人行事。

現在，下面這些問題可能會有助於我們更清楚本章所提出的觀點：

- 一個人如何理解敘事和認同之間的關係？
- 「敘說認同」的概念包括哪些特質？
- 從現代到後現代的轉變中，生命敘事和認同政治如何變化？

Howard Becker（1977）提出，每個人在他的生命中都會發展出一種「道德生涯」（moral career）。

- 一個人的「道德生涯」和他的生命敘事之間的關係是什麼？
- 在一個人的道德生涯中，什麼是敘說認同這個概念的主要挑戰和關注點？

▌延伸閱讀

Atkinson, R. (1998). *The life story interview*. Thousand Oaks, CA: Sage.

Birren, J., & Cochran, K. (2001). *Telling the stories of life through guided autobiography groups*. Baltimore, MD: Johns Hopkins University Press.

Church, O. M., & Johnson, M. L. (1995). Worth remembering: The process and products of oral history. *International History of Nursing Journal*, 1(1), 19-31.

Gergen, K. J. (1996). Beyond life narratives in the therapeutic encounter. In J. E. Birren & G. M. Kenyon (Eds.), *Aging and biography: Explorations in adult development* (pp.205-223). New York: Springer.

Polkinghorne, D. (1988). *Narrative knowing and the human sciences*. Albany, NY: SUNY Press.

Sennett, R. (1998). *The corrosion of character: The personal consequences of work in the new capitalism*. New York: W.W. Norton

第二章
社會研究的敘事轉向

賴誠斌、丁奇芳譯

保持中立、隔離、客觀。事實上，這些原則最初都是社會科學所主張的。研究人員把「主體」當作「客體」來研究，對它們進行探問、刺激、指戳、窺視、檢驗和測量，好像在研究分子或老鼠，而不是有倫理道德的人類。

——Kenneth Plummer（2001）《生命的文件2》（Documents of Life）頁205

緒論

本章我們會重溫「敘事轉向」（narrative turn），簡要回顧它的歷史到現在日益普及的狀況，以及其背後的原因。然後我們會深入探討敘事的兩種主要方法：敘事探究（narrative inquiry）與生命史研究（life history research），進一步我們也會針對這兩種方法，說明這個領域中研究者和作者提出的異同點。此外，敘事和生命史作為質性研究方法尚存在質疑，我們遭受了部分質疑，並提出這個領域的研究者會面臨的一些倫理議題。最後，我們簡要概述了敘事和生命史在不同學科中的運用。

■ 一　社會研究的敘事轉向

在過去的幾十年中，社會研究者對個人與群體的敘事或故事越來越感

興趣，社會科學家稱之爲「敘事轉向」（Polkinghorne, 1988; Czarniawska, 2004; Herman, Jahn & Ryan, 2005）。其中一些作者認爲敘事可以在敘事學（narratology）、詮釋學、結構主義、論述分析的文學傳統和女性主義中找到起源。事實上，「敘事轉向」出現於哲學論述新浪潮的背景下，討論了自我、他者、社群、社會、政治和歷史傳承之間的關係，並對用實證主義方法來研究社會生活和理解人類經驗，提出了質疑和挑戰。

對實證主義方法的主要批判是它不認同對人類行爲與社會交往進行詳細觀察和描述。實證研究傾向於把「觀察者」或「研究者」置於社會現實之外，獨立於社會歷史結構之外，也因此在理解上造成問題。然而，社會現實的複雜狀態並不是簡單的「在那兒」——在客觀世界之中，而是人類意識在社會歷史作用下的結果。此外，用實證主義方法來研究社會現象並不會質疑現狀，透過這種缺席提供了隱晦的通則式支持。[1]

批判理論學家認爲實證主義缺乏必要的反身性來研究社會生活中的複雜關係。一些人主張用一門社會科學來涵蓋人物傳記與歷史學的交叉，以及把個人問題與公共議題聯繫起來的各種方法（Berger & Quinney, 2004，頁4）。因此，敘事轉向的出現符合了對自我反身性探究的迫切需求，它所探究的社會現象包含個人和集體的傳記與社會歷史（Giddens, 1991; Taylor, 1991）。這個轉變與我們早先討論對敘說認同的理論化密不可分，特別是在後現代階段用新方法來研究社會生活中的自我。

很難確定敘事和生命史研究方法是什麼時候在社會學家、社會研究者以及一般學者間普及的，但是，人類學家早在二十世紀初就第一次採用生命史來研究美洲印第安酋長。之後，人文科學的學者特別是社會學家越來越多地使用這種方法。一下子這種方法成爲時尚浪潮席捲學術圈，然後在

---

1 更多的質疑可以參看Cohen, Mannion & Morrison, 2000; Habermas, 1971。

經歷了高人氣之後則是被大量地不當使用。

芝加哥學派Martin Bulmer（1984）的權威研究表明，生命史發展的里程碑是Thomas & Znaniecki（1918-1920）的巨著《歐美的波蘭農民》（The Polish Peasant in Europe and America）的出版。在探究波蘭農民移往美國的經驗中，Thomas和Znaniecki用生命史描述個人的親身移民經驗。在芝加哥社會學派，這項創舉確立了生命史作為一種研究方法。在這個新興傳統下，隨後幾年在芝加哥催生的社會學著作特別是Robert Park的著作，進一步鞏固了這種研究方法的地位（Park, Burgess, & McKenzie, 1925; Park, 1952）。

Park關於城市生活的一系列研究中，普遍採用生命史研究方法，比如：《黑幫》（The Gang）（Thrasher, 1927）、《黃金海岸和貧民窟》（The Gold Coast and the Slum）（Zorbaugh, 1929）、《流浪者》（The Hobo）（Anderson, 1923）、《貧民窟》（The Ghetto）（Wirth, 1928）。Clifford Shaw在他的書《浪子傑克》（The Jack-Roller）中描述了一個劫匪的故事，這本書可能是生命史研究的典範（Shaw, 1930）。Howard Becker對Shaw的研究進行評價，強調了生命史研究方法的其中一個主要優勢：

《浪子傑克》這本書從文化和情境的角度發聲，這種聲音平常不被知識分子特別是社會學家聽到，它促使我們從最深層次改進我們的理論：當我們設身處地的站在Stanley的立場上，我們可以感受並意識到對這類人的深度偏見是如何滲透我們的思想，並形構我們所研究的問題。當我們真實地進入Stanley的生活，我們開始看到在研究設計過程中，我們認為的理所當然（和不應該的）──看到關於罪犯、貧民和波蘭人的某種假設嵌入了我們所研究的問題。

在1930年代達到巔峰之後，生命史研究方法逐漸失去恩寵，並在接下去的幾十年遭到社會科學家大規模遺棄。Dollard在他的書《生命史的標準》（Criteria for the Life History）（Dollard, 1949）中完成了關於生命史的方法論基礎最重要的一個研究。因為Dollard的寫作是在生命史研究方法失寵之後，他的研究並沒有得到應有的關注。

到1970年代，一系列的研究與芝加哥學派的研究產生共鳴，生命史研究方法開始復甦（Plummer, 1990）。之後幾年，女性主義研究者特別支持這種方法。1989年，「個人敘說團體」（Personal Narratives Group）開展了不起的研究「詮釋女性的生命」（Interpreting Women's Lives），導致了這種方法的大規模復興。隨著對主體性（subjectivity）的日益關注，我們看到生命史再一次站到社會科學研究的舞臺中央。

從社會研究的角度來看，敘事既是研究方法，又是研究的內容（比如：由個體導引出故事化的生命）（Clandinin & Connelly, 2000）。很多學科都有敘事，從人類學到精神病學；從歷史到神學；從大眾傳播到組織研究；從論述分析到教師生命與教學研究；從政治到醫療保健等等。不同的認識論立場也有敘事，包括現象學、詮釋學、建構主義、女性主義、批判理論等。這樣，敘事也為社會研究提供了「一種混合文類」（a mixed genre）（Geertz, 1983）。

對生命敘事的探究結合了對學習和理解的「現代性」興趣，對能動性（agency）的關注以及對人類行動中的「後現代性」考量，比如論述和權力，這就「促使社會科學發展出新的理論、新的方法，以及新的談論自我與社會的方式」（Denzin, 2004, p. xiii）。

敘事讓我們有機會去洞察個體的生命經驗，讓我們以整體性的理解之光照亮這個「場域」（field）或整個文化。這常常是做質性研究的研究者所感興趣的，而非抽象去脈絡化的資訊和統計分析數據（Polkinghorne, 1992）。

Dollard（1949）認為「對個體生命經驗的詳盡研究會提供一個全新的視角來看待整個文化，這一點靠單向度的實證觀察是做不到的」（頁4）。

　　對個體生命經驗進行詳盡研究，也是一種故事形式的政治回應，故事傳達的「聲音」是被主流政治結構和進程所排除或忽視的。這些原先處於邊緣群體中的人所發出的聲音揭露了他們自己對社會制度和機構的「真實」（無可避免的這也是多重真實）體驗。因此，敘事使人類經驗、權利和其他社會機制的深度和複雜性得以展現，促使研究者拓展分析視野，考慮研究現象的多重層次（Plummer, 2001）。

二　社會研究中的敘事

　　用生命敘事來研究人類經驗，之後被社會學家以及不同領域的學者所認可。雖然對於用敘事進行社會研究的共識，如何把敘事取向應用於研究上，在概念和方法上仍具有很大差異，比如故事要如何分析；相對較少關注於研究的過程，以及對研究中蘊含的倫理議題關注不足。

　　在這裡，我們嘗試回顧性討論，使用敘事在研究時概念上的差異，以及不同概念可能會有的相關問題。為此，我們借用Ojermark（2007）在敘事和生命史文獻的結論，他在當中使用的專業術語是有用的。專欄一引用了跟這個討論有關的一些條目。

　　廣泛探究使用敘事的研究，Polkinghorne（1992）總結它是「指涉質性研究的一套設計，其中故事被用來描述人類行為。」（頁5）從這個角度來看，敘事包括各種形式的論述，如同Miles和Huberman（1994）所說，敘事中不同的研究資料都以論述的形式呈現，包括訪談、紀錄、田野筆記、反思日記等，也包括任何可以用來分析和有助於研究主題的其他形式文本，以及採用敘事形式的最終研究報告。

專欄一：敘事和生命史研究中的專業用語彙整（Ojermark, 2007，頁4）

- 傳記研究（Biographical research）：與個人生活相關的研究，採用自傳體的文本、訪談或其他來源，可以包括不同形式呈現的描述（比如編輯、書信、視覺或口頭報告，某種程度也可以是研究者的敘述與反思）。

- 家族史（Family history）：與某個家庭或特定家族有關過去事件所進行的系統敘說和研究。

- 敘事（Narrative）：具有情節的故事，其存在被從說者的真實生活提取出來。敘事與時間有關，它是社會行動的基礎。敘事為我們的行動和經驗提供架構，我們透過對過去、現在和未來的構想經驗生活。

- 口述歷史（Oral history）：個人對歷史事件及其前因後果的回憶，也指透過被訪談的個體講述其過去所發生事件的經驗來做歷史記述。

- 個案史（Case history）：一個事件或社會過程的歷史，而不是指任何特定個人。

- 生命史（Life history）：在訪談和對話的基礎上對個人生命的說明。在生命史研究中，研究人員對書面資料或轉錄的口頭資料進行整理之後，生命故事被編輯、詮釋，並以某種方式呈現，也常常結合其他方式一起呈現。生命史可能是局部的，關注生命的某一部分，也可能是完整的，嘗試訴說個人生命所能回憶起來的全部細節。生命史可以用一個三角結構來闡釋：生命敘事、他人見證和歷史文本。

- 生命故事（Life story）：一個人講述他或她生命中（或者生命的某一片段）的故事給他人聽。這通常是完整講述跨過生命蔓長的部分，但也可能只有生命經驗的某一時期或某一部分。如果是關於研究者的訪談時，生命故事就是訪談互動關係的結果。

- 敘事探究（Narrative inquiry）：與「傳記研究」或「生命史研究」接

近，這個詞是一個寬鬆的參考框架，可以參照一系列相近的質性研究，它使用個人敘事作為研究的基礎。「敘事」是指事件與發生之事的論述形式，在其中藉由情節使個體的完整性得以完成。

• 見證（Testimonio）：由第一人稱敘述的真實歷史事件，涉及到壓迫和邊緣化（maginalization）的情況。

　　正如第一章所指出的，有些作者傾向於從一個更宏觀的角度看待敘事，他們把敘事等同於故事，而沒有參考上述專欄中提到的類別。Polkinghorne（1988,1992）認爲把敘事等同於故事是適用於社會研究者的「重要約定」。從這個角度講，敘事或故事是「把一系列的偶發事件統合成整體」（Polkinghorne, 1995，頁7）。同時，除了口頭敘述或研究訪談，各種不同的藝術形式也有助於推進故事情節，包括舞蹈、電影與書面文件（像個人日記或信件）。

　　關於散文論述（prosaic discourse）和敘事之間的巨大差異，我們會在本書中反覆討論。我們相信這個差異在於尋求生命經驗意義的主體是誰。爲了理解人類行爲的因果關係，散文論述似乎強調研究者的角色，用以辨認研究主軸和建構類別。在這樣的狀況下，研究者對研究對象故事和經驗的觀察、詮釋與分析，都是爲了從研究中獲得意義而服務。敘事則有賴於嵌入人類經驗中的故事本質，以及參與者藉由事件選擇所創造支配性情節而產生的內在意義。這種情況下，從說者或參與者所採用的事件和情節的時間性，研究者會大力追求故事的論述結構，然而研究者應與參與者進一步共同合作，以勾勒出對所敘述事件的意義和理解。

　　敘事探究和生命史研究的概念化與實施方式有某些相似之處。根據Hitchcock和Hughes（1995）的觀點，使用生命敘事研究方法「可以促進對個體過去生命經驗更深入的理解，幫助個體更好地活在當下，並且也是

一種面對和挑戰未來的方法。」（頁186）。Becker（1970）提出，生命史研究方法比其他方法「更有優勢」，因為：

　　它繪製了一幅馬賽克樣的圖像，裡面包含個體、事件及其周圍的人，從中便可觀察到關係、影響和模式……回溯的特性……促使個體探索隨著時間變化的社會過程以及在後續分析中加入歷史深度。（摘自Hitchcock & Hughes, 1995，頁186）

　　從以上的內容所顯示，這些作者認為敘事研究是一個總稱，生命史只是其中一種研究方法。他們把生命史定義為「從個體生命所回憶出的故事或敘事」，並且把生命史和其他質性研究（例如民族誌）都視為構成社會學的「生命故事」（life-story）的研究方法（出處同上，頁187）。

　　敘事和生命史是兩種相互關聯的研究方法，我們並不需要把它們視為不同取向。在這裡我們把他們放到一起討論，並以此為基礎來討論用更具脈絡化的方法來研究生命敘事。我們把討論的重點放在比較Connelly和Clandinin關於敘事探究的概念，以及Goodson（2006）與Goodson和Sikes（2001）生命史的研究工作。

　　根據Connelly和Clandinin的觀點（1990），敘事探究是研究世界中的人類經驗。他們認為生命敘事「命名了被研究經驗如何結構的性質，也在這個研究中指認了探究的模式。」（頁2）。所以，我們可以從兩方面來看待敘事，一方面「人們生活在故事中並訴說自己的故事」；另一方面，研究者針對這些生命故事進行探究，「描述個體的生命，收集和訴說他們的故事，並書寫這些經驗」（出處同上）。

　　透過關注於參與者的故事和研究的故事，Connelly和Clandinin認為：

　　主要的工作是如何掌握，人們是活在經驗文本所推進的他們故事中，同時又一面反思性地向他人訴說自身故事，並向他人進行解釋。對研究者來說，這是敘事複雜性的一部分，因為生命也關乎成長，朝向某個可想像的未來，因此，它包含重新訴說故事並嘗試再一次活在故事中。這樣，一個人可以同時生活、訴說、再訴說、再生活於故事中。（出處同上，頁4）

　　透過這種方式，參與者關於社會世界與研究者參與所形成的生命經驗敘事，一起纏繞於研究過程中，並共同進行「敘事建構和敘事重建」（出處同上，頁5）。在這種纏繞中，多重聲音的報告和多重自我的故事也促進了對社會脈絡（世界）的多層次理解。

　　Connelly和Clandinin認為這個闡明的過程類似於敘事治療，因為「這種探討事件的方式旨在從事件發生時當事人的角度重建一個故事」（出處同上，頁11）。事實上，這聽起來很像敘事治療的目的，即重寫故事（Epston和White, 1990）。關於敘事作為研究方法、敘事作為教學方法、以及敘事作為治療方法這三者之間的差異，本書後面會再次討論。如上所述，Connelly和Clandinin提出了一種可能性，即研究對象也有可能是研究者自己（雖然作者沒有明確說明這一點），從故事和講故事的過程中獲得意義，並能夠「創造出一個新的自我故事，它改變了事件的意義、人們對事件的描述，以及對個人努力生活於其中的更大的生命故事的重要性」（出處同上）。這也是一個對話的過程，在這個過程中，研究者建構並重構了她自己的認同。

　　Elbaz（1990）指出，故事作為「方法論的工具」（methodological device）和作為研究「方法論本身」（methodology itself）是不同的。在這點上，生命史和敘事探究有共同的路徑，即協同合作的研究過程。在這個

過程中，研究對象和研究者認爲他們是研究的一部分，他們的感知、價值觀和世界觀構成了互爲主體的交流，更廣泛的社會文化背景也嵌於其中。我們認爲，敘事建構必須要以系統的方式在歷史文化背景中仔細審查，這是用生命史方法來支持敘事探究時的重點（見第四章）。

Goodson和Sikes（2001）提出，生命史研究應當更進一步，「透過提供脈絡資料，生命故事可以在不斷變化的時空中被看見，達到一種社會建構」（頁18）。因此，在Becker（1970）之後，Goodson和Sikes總結，生命史構成了「社會傳播鍊中的一環，是社會歷史連續體中複雜集體生命中的一縷繩」（出處同上）。

從本質上說，生命史是研究者和研究對象相互協作以達成理解的過程。一開始研究者以某種方式分享研究遠景來對研究對象賦權，其中一部分是與研究對象共同建構意義。研究更像是這樣一個過程，大家一起發現（理解）自己是如何生活的以及爲何如此生活。Goodson和Sikes（2001）寫下了生命史學者邀請他們的協作者一起思考和回應下述問題的答案：

你是誰？你是幹什麼的？爲什麼是你？你爲什麼如此思考、相信、行動？你如何在理解這個世界和你身上發生的事情？爲什麼這些獨特的事情會發生在你身上？爲什麼你的人生道路要這樣走？它可能走向哪裡？與其他人的各種經驗相比，你的整體感受是什麼？異同點在哪裡？在你所居住的多樣社會環境中，你的生活如何與他人相聯繫？（頁1）

這份清單上的問題還有很多。這些問題常常是「普通」人會問他們自己的，而不只是生命史學家或社會學家才會問。因此可以說，生命史研究中，在對人類生命經驗或其中一部分進行探究時，有著共同期望（在生命史學家或社會研究者和她們的研究對象之間）。不可避免的，當這些問題

被放到研究對象身上時，它們也會反身回到研究者自己。所以，研究者不僅僅是向「提供者」收集生命故事然後寫下來，而是說生命史學家，她的個人生活、她的生命故事與她的研究對象緊密聯繫起來。這一點在第五章敘說交會的本質中我們會詳細討論。這裡我們簡單強調，這種關係最後帶來了研究者和研究對象之間的互惠學習，學習他們的社會生活經驗，以及不同的社會機制和文化因素如何相互作用，導致這樣的個體和集體經驗。這樣，生命史連同其他的證據（如歷史文獻和資料），把個體和群體經驗放到一個更寬廣的脈絡中來理解。

以這種方式，生命史工作讓我們看見研究過程中人與人交會的複雜性以及其中融入的人類主體性，也讓我們有機會重新檢視社會研究。生命史把個體的生命經驗放到更廣闊的社會、政治和文化視野中來認識，我們期望從個體所處的歷史和社會背景中去理解他的生命經驗，這也使它成為一個生命的歷史，而不只是一個生命故事。[2]

三 進行生活史研究所要面對的挑戰

Czarniawska（2004）指出，在社會研究裡我們可以發現三個關於後現代主義思潮的原則：

1. 拒絕採用真理符應論（correspondence theory of truth）。
2. 嘗試用某物再現另一物時存在困難，再現的運作所面臨的挑戰就是揭露這些困難。
3. 更加重視將語言作為建構現實的工具，而不是被動地複製現實（頁12）。

---

2 從這邊開始，我們將使用「敘事和生命史」這個通用術語來指涉一種綜合性文類，用於敘事意義生產的嚴謹和協作過程，它不排除類似範疇的敘事探究或敘事研究。

Plummer（2001）認為，我們面臨著「再現的危機」（crisis of representation），因此我們需要「**踏實、多重和在地的生命研究，以呈現它們的豐富和變化性。**」（頁13）他提出個體對此的回應應當是「再次熱誠地許諾在人類和社會科學中進行自我反思，並進行道德和政治的計畫」（出處同上，頁14）。

生命史作為社會科學的質性研究方法，在研究工作中面臨著各種挑戰。首要以及最重要的挑戰就在於更深的認識論和方法論領域上。Goodson和Sikes（2001）認為，研究者採取批判的認識論立場，決定了研究的問題、資料收集、分析、詮釋和文本的生成。這對很多社會研究者來說是一個真正的挑戰，對敘事研究的質疑甚至擾亂了部分研究者對真理和知識長期抱持的假設。研究過程的反覆意味著我們對理論和觀念進行持續不斷的反思，這種反思可以改變分析和詮釋的過程，甚至會修正所研究的問題。

另一個挑戰在於生命史學家／研究者和研究對象之間關係的性質。Hitchcock和Hughes（1995）強調，在這個關係中同理心、協作、對話和互為主體性都是很重要的因素；Muchmore（2002）討論了研究者和研究對象之間的「友誼」；Oakley（1981）探討了訪談過程中的「互惠性」（reciprocity）；Riessman（2005）則形容研究關係是親密的；Dominicé（2000）把研究者看作是參與者探索生命經驗過程中的指引者。在所有情況下，研究者在個人層面和研究場域都積極參與研究，並與研究對象緊密聯繫。Hatch和Wisniewski（1995）進一步指出，這種關係有點像「戀人模式」（lover model）進行，它的主要承諾是相互尊重和信任，作者認為這個關係是「互利的」（mutually beneficial）。

在Kant之後，Muchmore（2002）提出，研究關係的關鍵在於避免工具化。也就是說，尊重研究對象，不把他們當作達到目的的工具，即使這

個目的是理解他們的生命經驗。事實上，相互分享個人經驗和自我表露對於研究關係是有必要的，它可以搭建心靈之橋，而不應該被抑制（Measor & Sikes, 1992）。當我們討論研究倫理的挑戰時，會再回到這個觀點。

與上述有關的另一個挑戰是，敘說陳述的呈現和再現。Hatch和Wisniewski（1995）認為，著作權、所有權和發言權與研究對象和研究者都有關。比如這些問題：「誰有權為誰說話？這是誰的故事？誰擁有研究成果？誰是作者？生命史的目的是什麼？」（出處同上）。Hatch和Wisniewski也在考慮如何處理知識、權利、控制和隱私之類的議題，特別是發聲不是為了「強調我們對研究對象的看法來減損他們的賦權」（出處同上）。

在這些對於敘說陳述的再現考量之中，Bar-On（1993）指出，研究過程和最終的出版內容有可能會傷害到參與者，造成他們的痛苦和其他壓力，對他們自己、他們的家庭和所在社群都產生影響。

許多學者認為，生命史研究的其中一個主要挑戰在於研究設計中的困難，它必須要同時達到代表性和普遍性。這個挑戰與當前我們對效度（validity）的持續關注有關，也就是希望透過分析個人生命故事來理解群體大眾的經驗。對個人生命經驗的探究帶給我們更深的理解和意義，這一點對我們所有人來說都有意義嗎？一些作者對此提出，從個體生命經驗中總結出的認識，和從社會現象中總結出的並無多大不同。在此我們引用Thomas和Znaniecki（1918-1920）的觀點來詳細說明這個問題：

在分析個體的經驗和態度的過程中，我們獲得的資料和基本事實雖侷限於個體的人格特徵，但或多或少也可以當作一般階級的資料或事實，以作為了解社會生成法則的決定因素。我們用於社會學分析的研究資料，不管是來自於個體的詳細生活紀錄，還是來自於對社會現象的觀察，在社

會學分析中它們同樣有其問題。當我們探索抽象的規律時，生命史可能提供良好的社會學資料類型。如果社會科學必須要用其他資料的話，只會是因為當前沒有足夠的資料來應對所有社會學問題，以及我們需要做大量工作，分析所有必要的個人資料來描述某類社會群體的生活。如果我們只能被迫使用社會現象或者任何與個體的生命史無關的事件作為研究資料，這就會成為我們當前社會學方法的侷限而非優勢。（頁1831-1833）

Hatch和Wisniewski（1995）也認知到這個挑戰，但他看作是：

兩者之間需要找到平衡，一邊是獨特的個人生命故事，一邊是框架了前者更大的社會、政治和經濟脈絡，反過來，後者也被前個體的行動和回應所強化和挑戰（頁120）。

他們提出這樣的問題：

我們如何把個體放到她的社會脈絡中，並呈現出其中的各種權力和力量，它們形塑了她的經驗，提供了關於她故事的豐富描述，也影響了她對世界的態度（出處同上）。

這樣，我們面對的挑戰就不僅僅是個體與社會之間的張力，更是結構（structure）和能動性（agency）的問題。

最後可能也是最重要的挑戰，是生命史學家和他們的研究對象共同面臨的倫理挑戰，這個挑戰強勁而持久（Riessman, 2005）。也可能是由於目前在生命史和民族誌方法中對倫理行為還沒有嚴格的規定（Guba和Lincoln, 1994）。研究者不一定會意識到生命史研究對參與者可能會產生

的影響（Hatch & Wisniewski, 1995）。因此，由於之前討論過研究關係的本質，以及研究者和研究對象一起經歷的研究過程，這兩個部分的存在，使得生命史學家持續面臨研究倫理的議題。事實上，研究倫理就置身在研究脈絡之中，並受到其影響（Plummer, 2001）。

　　Muchmore（2002）解釋說，在什麼是倫理和什麼不是倫理之間存在模糊的界限，複雜的困境也常常產生於研究脈絡。在某一情境中被認為是合乎道德的，可能在另一情境中是不道德的。Muchmore進一步指出，生命史研究在不同道德領域都存在問題。比如，知情同意（informed consent）是同意什麼？在生命史研究中，研究對象常常沒有意識到他正在允許另一個人進入他的生命並仔細觀察他。有一個問題也被迴避了，就是在多大程度上，研究對象能夠理解和預期研究過程中存在的風險和收益和脈絡化承諾。Hence Josselson（1995，頁xii/xiii）認為：

　　　僅僅揮舞保密性和匿名性的旗幟只是表面與不深思的回應。由於研究對象一開始對於他們要同意什麼也只有模糊的想法，所以知情同意這個概念本身就有點矛盾。要處理這個問題，就要求我們找到一種方式容納這些矛盾並與它們和平相處。

　　Gill（2005, 2007a）認為，生命史研究對參與者的生活是一種介入和打擾。由於生命敘事對個體自我認同的重要性，以及敘說建構的時間向度（特別是使一個人確定未來行動的方向），生命史研究工作無疑提供了改變（研究對象和研究者）的契機，這種改變在其他研究中不一定會發生。

　　然而，Goodson（1995）與Sikes、Nixon和Carr（2003）都提出警告，生命史研究所聲稱對參與者的賦權和解放不一定是強有力的，某種程度上，可能是「天真的」和「倫理曖昧的」（Goodson和Sikes, 2001，頁

99）。這些作者更關注喪權（disempowerment）的可能性，以及過度誇大的解放和賦權。

　　儘管如此，這個警告不排除敘事、生命史和傳記工作用於治療的可能性。生命史訪談和治療介入之間存在根本差異，後者有清晰的臨床實踐指南來保護治療師角色和來訪者的隱私（Bar-on, 1993）。因此，生命史訪談儘管具有上述提到潛在的利益和效果，但是生命史訪談沒有清晰和嚴謹的指導規則，這一點使得研究者和她的參與者繼續面臨道德挑戰。

　　在某些方面，生命史研究工作總是會涉及到治療、其他社會科學以及更廣闊的人文探究與關懷領域。這一點無法避免，特別是當研究資料是關於凌亂的人類主體性存在。透過忠於主體性，生命史既是打破舊習的，又是在不斷進行中的。這不是一種可以努力學習的程式化方法，因為研究的主體不會順從這些方法。

　　為了避免使用過多原則和規定式手冊，Riessman（2005）呼籲用「脈絡倫理」（ethics-in-context）來協商生命史和敘事工作中研究關係的「施與受」。她寫道，研究者的情緒「與倫理的對話高度相關，因為是情緒在做道德工作：它們體現了價值判斷」（頁473），並且研究者和參與者在（研究）對話中都「有主體性和情緒生命，並帶到研究關係中」（頁476）。因此，研究倫理必須考慮到個體作為情緒的存有帶著不確定與焦慮的；作為情緒的存有互動的結果也有可能會導致衝突和挫折。情緒作為一種挑戰進一步增加了複雜性，生命史研究的動態過程中權力經常遭到協商和質疑。

　　Goodson和Sikes（2001）指出，不同研究對研究對象和研究者的作用各不相同，從「無足輕重」到「改變生活」，從「特殊和在地的」到「全球化」。研究是有風險的，同時也是值得的。第三章我們會探討生命史研究的過程，到時候會進一步闡述這一點。

四　生命敘事在不同學科中的運用

敘事作為研究過程和研究資料在不同的學科中都存在。目前，研究者有越來越濃厚的興趣把這種方法用於健康領域。Atkinson（1997）探究了敘事轉向，他提出，社會學家、人類學家以及其他學者越來越關心收集和分析個人敘事資料來理解健康。這導致了在質性研究中越來越多的研究者使用故事來探究健康，其中，關於痛苦和疾病的敘事特別受到關注。同時，Atkinson從批評主義反思，敘事在研究中往往被當作是一種特權，允許分析者進入敘說者的個人經驗。

與此相關的是，敘事在治療過程中的運用，比如在這些學科中都有涉及敘事治療：護理、社會關懷、老人學、心理學、諮商、成人教育和創造性療法（Bornat, 2002; Gergen, 1996）。之所以把這些學科放到一起，是因為治療是由被訪談者／研究對象／病人／學習者透過自己的生命故事看待自己的方式所決定的，並據此定義他們的生活。這個過程挑戰了個體的認知，並把思維模式嵌入個體的生活和關係中，然後引發了新的故事和自我轉變。

敘事作為研究資料也存在於生命書寫（life writing）的研究中（Jolly, 2001），包括綜合性自傳體資料，比如自傳、傳記、日記、口述歷史、部落格、真人秀、攝影、信件、文獻、圖片回憶錄、展覽、手機文本。這些敘事資料不一定總是由單個研究者收集，往往是在兩人、多人或一群人之間分享的。

懷舊工作（reminiscence work）是用來收集老人的生命故事。它是引導式自傳（guided autobiography），即一種簡短或迷你的自傳，一個人引導另一個人，用他或她自己的語言敘述他或她的故事（Birren & Cochran, 2001）。引導式自傳是一個通用和總括的術語，在這裡包含懷舊工作（見R. Butler, 1963）。這種引導式自傳也透過使用多重感知（multi-sensory）

來觸發老人關於某個共同主題的對話，這些主題都與老人的背景和興趣有關（Gibson, 1994）。

生命史研究方法被廣泛應用於研究教師的生活（Goodson, 1991; Cortazzi, 1992; Hargreaves和Goodson, 1996b; Beattie, 2003; Day, 2004），和教師的思維以及個人和專業的發展（Carter, 1993; Casey, 1995; Clandinin和Connelly, 2000; Cole和Knowles, 2000, 2001; Connelly和Clandinin, 1990; Elbaz, 1990; Goodson, 1992a; Witherell和Noddings, 1991）。其中有一系列研究是用生命史來研究教師的教學，透過探討教師的自傳、學術傳記和其他形式的生命書寫來進行（Dominicé, 2000; Gill, 2007a; Karpiak, 2003; Day和Leitch, 2001）。

近年來，敘事和生命史也用於衝突轉化與和平建設的工作中。它們提供了一個契機，把轉化過程的內部運作呈現給那些曾經遭受過暴力的個體和社群。那些發生在拉丁美洲、南非、盧旺達和塞拉里昂的真實事件與調解過程就是這樣的例子，受害者和犯罪者透過互相分享生命故事達成了寬恕與和解（Gobodo-Madikizela, 2003; Gobodo-Madikizela & Van Der Merwe, 2009）。第八章我們會繼續討論最後這類工作。

▌問題討論

後現代的晚近階段，我們對研究過程的理解已經超越了實證主義者和客觀主義者的追求，對意義和資料的搜尋更多集中在主觀詮釋。敘事轉向和生命史的復興反映了對主觀性的接納。之前是「英靈的聲音」（Valhalla[3] of voice），如今是「敘說的涅槃」（the Nirvana of

---

3 譯者註：Valhalla是北歐神話中的天堂，掌管戰爭與死亡的主神命令女武神將陣亡戰士的英靈帶來此處，享受永恆的榮貴。

narrative），它標記了我們認識上的重要轉變。然而，如同所有新的方向一樣，它也有成本和收益的考量。

在本章中，我們試圖呈現生命史研究如何回應敘事轉向。我們已經討論過，這個研究方法特別適合於當前對主體性的重新強調以及對脈絡化意義不斷增長的興趣。同時，我們也已經指出生命史研究工作中所面臨的方法論的和道德的困境。這些困境之所以存在，是因爲生命史研究工作聚焦於人類情境，其中充滿了複雜性和變化性。它使得研究者和社會科學家忙於解決問題，比如情緒反應、政治選擇、道德設想等等。在本書中，它非但不是方法論問題，反而是最高美德。

在下一章中，我們會詳細描述生命史研究的過程。下述這些問題可以對我們有所幫助，可以進一步回顧和反思研究者位置性（positionality）：

- 近期的「敘事轉向」背後有哪些主要的推動和影響因素？
- 爲什麼敘事和生命史研究工作不能進行程式化操作？
- 你認爲這一章所講的敘事探究和生命史研究工作之間是否存在不同？爲什麼存在或爲什麼不存在？
- 對這些生命史研究者而言，他們的主要挑戰和關注點是什麼？
- 生命史研究工作是否包含特殊的道德困境，或者它僅僅是把原本隱祕的事物公開了？

▌延伸閱讀

Becker, H. (1970). *Sociological work, method and substance.* London: Allen Lane.

Bertaux, D. (1981). *Biography and society, the life history approach in the social sciences.* Beverly Hills, CA: Sage.

Bulmer, M. (1984). *The Chicago school of sociology.* Chicago: University of Chicago Press.

Plummer, K. (1983). *Documents of life: An introduction to the problems and literature of a humanistic method.* London: Allen & Unwin.

Plummer, K. (2001). *Documents of life 2: An invitation to a critical humanism* (2nd ed.), London: Sage.

Personal Narratives Group. (1989). *'Truths' in interpreting women's lives.* Bloomington, IN: Indiana University Press.

Tierney, W. (1998). Life history's history: Subjects foretold. *Qualitative Inquiry,* Vol. 4, No. 1, pp. 49-70.

認識生命史的研究歷程

王勇智譯

　　有一嚴謹的學術組織正在凝練和重新組成……敘事，這組織是以研究者和被研究的人事物兩者間的特定關係為前提。學術研究是對外部世界強加次序的一種方式……敘事的內容被化約為再現（representation）的一種，並嵌入再現經驗流中的一部分，而且在這網絡中，排除了敘說生產者，轉化為研究者之間辯論的客體。

　　——Jan Nespor和Lize Barber〈敘事的閱眾和政治性〉，收錄在J. Amos Hatch和Richard Wisniewski（1995）編的《生命史與敘事》。

緒論

　　在這本書中，我們企圖針對生命史與敘事的研究，深化認識其所牽涉到的歷程，這對我們要進一步發展敘說學習和敘事教育學的觀點是重要的。

　　首先，我們相信生命史與敘事的研究，應該要對生命故事述說者所說的敘事心懷敬意和尊重，同時，也要給研究者／聽者以及說者之間，開放促進對話機會和協同詮釋的可能性。在這一章中，我們會進一步地專注於生命史的會晤中，建立研究關係的議題，解析敘事內容和敘事交換的發展過程，以及一個生命史建構的形成。這才能讓我們走得更深刻，且試著了解敘說交會（narrative encounter）的本質與其關係為何，以及生命史的研究如何衝擊到參與者和研究者。

　　為了避免概述生命史研究時過於去脈絡化，我們會運用我們經年累月投入的研究計畫所發展出來的洞見，例如最近「經濟和社會研究委員會」（ESRC）所支持的「生命學習」（Learning Lives）計畫，Ivor是這個研究團隊之一，以及Scherto的縱貫研究，針對中國的海外學生出國留學和回國定居的旅程進行探究。這些研究計畫的例子可以用來了解我們如何設計研究計畫，以及處理嵌入在不同生命史研究階段的各種挑戰。

　　到了這章的尾聲，我們會概述研究參與者在投入與研究者和其他參與者的對話過程，捕捉其敘事前後的改變。

■ 一　生命史完整的研究過程

　　雖然生命史無法明確地程序化，但將建構過程的主要階段逐一描繪，是切合實際的。通常生命敘事是透過一系列深度訪談的過程集結而成的。站在這個出發點，任何晤談會面都無可避免地涵蓋了權力和階級，研究者們不是起身投入這些議題的處理，要不就必須忽略掉，當然這樣的處理不是淡化掉了，就是加深了這些議題的影響力。接下來的部分我們要費點力，根據研究過程和晤談互動，著手解釋我們自己的經驗，希望能引領著讀者進入我們對於生命史研究過程的自我檢視。

選擇研究的參與者

　　生命敘事晤談首要關注的通常是研究參與者的選擇，在「生命學習」研究計畫中，研究者們關注的是想要找到廣泛的參與者們，因此進行一次非正式的調查，依據其年齡、性別和種族來建立一個可能參與者們的剖面圖（參閱Bruner（1990）的書，當中Halbwachs（1980）曾主張進行這種調查的必要性）。這個研究團隊也執行了一些「試驗性」（pilot）的晤

談，用以建立臨時性但可供檢討的可能情境與主題。這就是以「策略式聚焦」（strategic focussing）作爲逐步研究過程的開始，用以辨認主要的議題，然後探究這些顯露出來的主題。

有個議題是一定要面對的，就是在被挑選來說生命故事的人之中，會被挑選到的參與者往往來自我們的選擇偏好。舉例來說，研究者會選擇的參與者，通常都是被其自身原本的故事軸線所吸引，或者是研究者對於其大起大落的生命軌跡而興起好奇之心。現在這已經變成對於生命史研究常有的不滿，即研究者們實際上正述敘述著他們自己的故事。爲了避免這個問題，「生命學習」研究團隊儘可能地嘗試面對這個問題，因而在多樣廣泛的晤談參與者，尤其是上面所提到橫切面範圍裡以及描繪到的主題所包含的參與者。

爲了進一步說明對研究者偏誤裡進行選擇和挑選覺察的重要性，我們在此要從研究中舉一個例子，這是Ivor幾年前投入的研究——教師的生命史調查。對教師生命的研究過去常聚焦在較先驅型或創新型的教師身上，按照規矩或保守的教師被選擇當作研究對象較爲少見。會這樣是有一個結構性且在地關係的理由，因爲通常研究晤談者在進入到學術工作位置之前是一位教師，在他或她過去當教師的故事經歷裡，常常會跟先驅型或創新型的教師有所關連。這種自傳式的隱型指令時常引領著研究者專注在與他們有相似經驗，都是非守舊的人身上。這結果可能會變成有偏誤的研究報告，也許會過度高估在學校中改變和創新的可預期性，實際上，學校常常嵌卡在某種脈絡的慣性中，這種環境時常不喜歡先驅式的創新者（Goodson, 1995）。爲了解決這個問題，Ivor以及他的研究團隊發覺必須要找到可以涵蓋，從先驅型教師到較爲守舊和保守的教師之間的範圍內，來做爲研究的參與者。

為研究晤談設置場景以及建立信任感

在選好研究參與者之後，發展生命史研究的下個階段可能是所謂的「場景設定」（setting the scene）。很奇怪，在做生命史晤談的時候，鮮少會有人談到其中所處的背景脈絡，但卻是極為重要的。所以只有熟稔這個方法學的研究者，才會關注生命史取向與晤談歷程背後的理論依據，而這種「技術性」的細節，鮮少會傳達給研究參與者。

我們堅信研究者將他們理解與企圖跟參與者分享，是非常重要的。方法的共享不僅讓參與者增權賦能，讓他們更積極地參與研究，更讓他們意識到自己的經驗和故事在研究中的重要性，而且也意識到在研究晤談期間，與他人彼此共享與聆聽各自故事的意義。

設置晤談的場景可能對雙邊互動是至關重要的。舉個例子來說，在最近剛辦完的一場生命史工作坊中，兩位女性互相不認識，卻決定不要彼此面對面坐著，而是一起面對一幅圖圍坐著進行晤談，這樣較能自在地進行訪談。併著肩坐著的好處是你可以等你準備好要眼神接觸時，慢慢地轉身互相面對面，而不是一開始就要堅持做到這一點。假設你堅持一開始就要做到，這時常會造成一種情況，會讓這兩位女性一直感覺到非常不自然。Laurence Stenhouse（一位資深的英國民族誌學家），曾經主張晤談的最佳方式就是邊開車邊坐在前座進行。這種方式使被晤談者可以看看風景，偶爾轉向跟晤談者眼神交會。相同的，被晤談者也可以免除直接看到晤談者質問的眼神。我們聽到許多人談論時都證實這一點，在許多電影與小說裡，都會有這樣的劇情，計程車司機對坐在他們車上的旅人，都能引導出驚人的自白，這很可能是因為這兩位對話者的座位使然，也可能出於他們倆之後再也不會見面的事實。

儘管如此，晤談的場景設置是非常個人的抉擇，儘管會對後續的晤談產生巨大的影響。其實需要非常謹慎地連結到下一個階段，也就是建立

信任感的階段，與受晤談者建立信任感不可避免是個非常私人且複雜的過程，假使想晤談能被成功地操作，以及為了合理的交流可以發展，信任感就必須能夠建立起來。某種程度來說，傳統的研究晤談求快的本質可能會是個問題，通常在傳統晤談的情況下，晤談者與受晤談者必須快速地緊密結合在一起；必須達到某種程度的共識進行晤談過程，而且在尚未有任何有意義的觀點交流之前，就必須快速地發展某種親密感和信任感。

生命史研究時常需要晤談超過一次以上，因此信任感的建立必須比上面提到的「快速配對」程序，要維持較長的時間。構築信任感的模式沒有提綱挈領的建立方法，完全是個如何產生人際間化學變化的難題，沒有可以依循的程序化公式可言。然而，很清楚的是，越是花時間解釋晤談的過程和使用生命史的方法，就越能建立信任感。在我們自己的研究中，作為研究者的我們，常常在第一次的會面期間，會重點解釋晤談的目的、如何進行以及結束後晤談的材料會拿來做什麼。通常，這種事情都是在簽署知情同意協議時進行的，對這種協議的解釋也都是建立信任感過程的一部分。

晤談（數次晤談）

我們從一開始就把晤談及其後概述生命史的發展，看作一個私人且親密的過程，並認為需要建立在相互交換意見的互惠基礎上。因為我們想讓他／她所經歷的生命故事成為晤談立基的核心主軸，所以我們最初的晤談就開始遵循著這特定的模式。

在晤談的過程中，目的是鼓勵個人詳細闡述，一開始要盡量避免提問，讓其滔滔不絕地講。「滔滔不絕（flow）」指的是晤談的形式，當受晤談者話匣子打開時，讓其開始自由談論他們的經驗、轉變、關注的事和人生使命。當滔滔不絕發生時，要建立晤談訪談稿時是容易的，但在研究

過程中，要小心謹慎地鼓勵滔滔不絕的情況發生。

首先，問題越少，受晤談者的敘事就會變長、情感流露且充滿意義，而一堆問題會很快打破這種情況，除非在策略上和認知上有絕對的必要，否則我們儘量避免這樣做。這就好像是我們這些研究人員，打算在晤談的最初階段要遵守「緘默」的誓言一樣。這並不是說晤談可以完全是非結構化的。通常有個敘事指南（常由試驗性訪談中所抽出的主題組成）可以有兩種作用：如果「沉默的誓言」方法不起作用，作為備案機制；其次，當生命故事講述者處於話匣子完全打開的狀況時，會有一些主題沒有得到充分探討，也可派上用場。

關鍵是讓參與者有機會對他們的生命故事進行分類和排序。反過來，這創建了一種適當的脈絡和空間，讓「滔滔不絕」得以發生。身為研究者，我們儘可能地讓生命故事講述者在剛開始時暢所欲言，而不是指導或干預，其中一個主要原因是提供了關於講述者敘說特性（narrative character）的關鍵線索。敘說特性是指生命故事的特定形式和內容（另見第四章），它也稍微降低了晤談員／研究人員的「權力」（雖然我們知道，這是永遠不可能完全抑制的）。晤談員不僅要揭露被晤談者如何對敘事探索做出反應，還要展現過去和現有的敘事活動如何作為個人生活經歷的一部分。敘事活動的廣度和深度有助於研究者理解個人在形成敘事過程中闡述和建構的程度。為了理解生命故事講述者各種處境在光譜上的位置，讓講述者按照自己的方式編排與發展她的生活故事敘述，是至關重要的。

發展生命史

建立晤談中的初步生命故事，要進一步發展對話交流，這可能會在第二次晤談時進行，或者是之後接續的敘說交會階段。到那時，兩

位對話者（即晤談者和被晤談者）更傾向於「扎根對話」（grounded conversation），而不是初期生命故事有點單向的敘述。對我們來說，這種朝向扎根對話是一個極其重要的轉變，因為它標誌著從生命故事到生命史的轉變，我們認為漸進理解是要將生命故事放置於其歷史脈絡中，這要透過協同解釋和意義生成，以及利用如證詞、紀錄片和歷史資料等其他來源來進行三角測量（triangulation）。這意味著我們要探討第二章中列出的問題，同時也要探究為什麼故事在生命故事中的特定歷史時刻，以特定的方式講述，來確立其意義。

正如我們在第二章中已經指出的，生命故事和生命史之間的區別主要呈現了敘事研究類型的差異。以敘事研究的名義進行的許多工作都集中在引出他人的故事上。這個目標既是過程的起點，也是過程的終點。敘事研究者變成了贊助人或「抄寫員」——引出、寫下並出版他人的故事（事實上經常如此發生）。這種取向本質上是被動與政治上的靜默者，幾乎沒有什麼工作可做，通常被描述為使用「三角測量法」的生命史研究。相較之下，真正的生命史研究強調將生命敘事置於所處歷史背景中的重要性，並且有一種強烈的研究協作感，有助於將每一個獨特的故事定位在一個更寬廣的框架中，為生命故事講述者和故事所講述給更廣大的閱聽眾，提供較鉅觀的歷史見解。

總之，儘管我們拒絕採用程序化的生命史研究方法，但我們仍然強調了一個可能的階段性過程，特別是從強調為說者生命故事的代理敘述，走到更為協作和扎根的對話，在這個對話中，被晤談者和晤談者尋求進一步對所講述生命史故事的洞見。儘管在概念和方法上截然不同，但這些階段往往會相互遮蔽而形成一個重疊的時期，此時晤談者和被晤談者要開始更積極、更協作地探查和詢問這故事。

在研究當中，這個階段過程從生命故事的「敘述」（narration）轉移

到生命史的「協作」（collaboration）。這絕對是個關鍵的轉變，尤其是因爲某些敘事傳統仍然鎖定在第一階段—即研究人員「收集」人們的故事並將其當作「資料」。在隨後的階段裡晤談員／研究員往往會低估解釋的重要性，而單獨進行研究工作，在這種情況下，初步的表面證據就是被敘述的生命故事，因此，沒有第二個階段可以協作生成出生命史。協作涉及使用其他的資料來源，例如其他人的說法和一系列的文檔，才使得對話者可以對生命敘事進行歷史定位。在生命史的研究工作中，資料的解釋與發展是透過生命故事敘述者與研究者之間的協同解釋而實現的。

在很大程度上，生命史的晤談中斷了「持續對話」以積累生命敘述，而旨在促進對談會面和進一步的敘事意義的形成。這可能導致晤談者和被晤談者對生命旅程的理解發生學習與轉化，以及清楚往後如何發展他們未來的行動，我們將在本書後面的章節中對此進一步敘及。

生命史研究工作的另一個前提是相信人類的潛能，透過協同解讀個人敘事，並把生命故事「定位」爲「社會傳播鏈」（a chain of social transmissions）的一部分，並在歷史脈絡中理解它們，這能夠爲兩個對話者的潛在轉變奠下基礎。爲了要了解眞實生命和講述生命故事的歷史條件，就要認識到我們的世界是社會建構的。一旦通過協同探究使社會建構的過程更加透明清楚，就有可能藉此來思考新的社會建構的動作。生命史的研究工作既是個人記憶和集體記憶的重新表述，也是「社會想像」（social imagination）的不斷發展。

社會想像是最具權威和變革性的模式（modalities）之一。喬治‧奧威爾（George Orwell）所寫的《1984》，講述了「老大」想要控制的兩大邪惡，就是歷史和社會想像的集體理解。因此，支持集體記憶和社會想像作爲敘說交會可以預示一種轉化的可能性，生命史的相互交流於是成爲想像式敘事建構之處。正如Czarniawarska（2004）所說，生命史的晤談可以

「成為敘事產物的微型網站」（頁51）。我們認為敘事產物的催化在敘說交會中雙方共同的渴望，其中一個任務是在脈絡理論之中共同創作一個行動故事——一個有歷史觀和清晰的社會想像而轉變出的新故事。正如Brooks（1984）所說：

我們沉浸在敘事之中，重新陳述和重新評價我們過去所作所為的意義，預測我們未來計畫的可能結果，把自己置於尚未完成的社會性故事的十字路口上。（頁3）

生命史的交會是在某個十字路口進行的，是基於互惠和信任的一種交換和分享的模式。正如我們所描述的，它涉及到意義的共同建構和自我的重新構成。因此，生命史代表著一套特定的價值觀和殷切的期盼。根據Goodson（2003）的說法，這是一種「預想練習」（prefigurative practice），所謂的預想練習是指吾人會期盼和想體現出某種世界，而這種世界是人人都想要看到且普遍存在的。它是擺放在交會中的小宇宙，透過建立一種關係的模式，以遇見想像中的理想世界。這樣的世界需要許多要素才能促進人類的發展，其中某些要素存在於敘說交會之中。

如本文所述，生命史研究希望在研究者和參與者（們）之間展開想法的對話交流，我們意識到這種方式是在某個主動分層地帶發展的，也意識到要改寫這些期望和結構的艱難。然而，生命史的訪談是一個共同探索意義和內心自我的生產場所，生命故事說者可說是他／她的生活細節方面的專家，這一點毫無疑問地（甚至完全合法化）與社會研究人員的專業知識並駕齊驅。此外，最初的生命故事訪談堅持晤談者要非常仔細地傾聽，而這種交會（encounter）是建立在生命故事說者的專業知識之上。隨著生命故事向生命史的方向發展，致力於發展一種脈絡理論或「脈絡譜系」

（genealogy of context）（Goodson, 1992a），據此雙方可以交換觀點、白話理論與解釋模式，並在這樣做的過程中達成新的理解，雙方共同協商社會、文化和歷史的敘事「定位」（另見Gill, 2005；2010）。

在通過合作努力共同發展生命史的過程中，交流的密切性可以促進信任和互惠的相處模式，所有最具生產性的生命史交會（life history encounters）基本上都有這些特徵。一起建構扎根的生命史（grounded life history），可以視爲致力於教育志業，透過這種方式，生命史研究工作涉及到一種特殊的「教育學交會」（pedagogic encounter），即讓自我的意義和轉變皆由學習而構成。這就是我們後來所說的「敘事教育學」（narrative pedagogy），但這裡我們只從生命史研究的角度來指認它。

二 生活史研究作爲敘事建構的場所

接續生命史研究過程和生命史建構過程的概述，本章提出了一個重要觀點，如生命史研究工作僅在故事層面上進行時，即研究者傾向於「捕捉」一個人的生命故事來展開和終結研究的工作，那研究者只是擔任這些故事的抄寫員，並把他們的故事（如教師或任何被訪談的群體）表現得活靈活現而已。例如，這可能只會使教師和教師的意識完全停留在開始時的位置，不一定會讓交談的兩個人（研究人員和生命故事說者）之間進行交流，並產生學習對話或漸進的反身理解。

正如我們已經指出的，在一些敘事研究中，故事取向的開端就是開始敘述，敘述完了也就結束了。在敘述之後，只有研究者（而不是雙方），轉去解釋和理解收集及聽到的資料或故事。分析和理論化屬於研究者和學術界，研究者必須接管剩下來的過程，因爲在生命故事的方法中，研究者認爲他們有責任繼續努力進行分析和解釋。因此，這些研究人員一遍又一

遍地聽這些故事，把它們抄錄下來，與其他人的經歷併行閱讀，解釋和分析它們，並根據現有的理論對它們進行篩選。這似乎是任何「負責任」的研究人員都會採用的一種系統方法。研究人員接下來要做的是將這些紀錄交給參與者，然後問他們：「你同意我對你生命的解讀嗎？」到目前為止，雖然這似乎是一個授權行為，但這些研究人員是否透過關鍵的接管流程，有效地剝奪了參與者的權力？

　　一旦研究人員把東西放到學術框架中，他們所產生的東西就有一種權威感，以至於它立刻壓制了參與者。他們看了文本，卻不明白他們個人故事是如何進入層層的解釋和理論化。他們不再知道如何與這個研究計畫聯繫起來，而是對研究能對他們故事所做的處理感到敬畏。大多數參與者可能會冒個險不同意部分內容，但很少不同意解釋或理論。在他們看來，這一定是正確的，因為研究人員被視為具有強大理性思維的人。這樣一來，研究者和被研究者打從一開始就沒有平等的夥伴關係，研究者掌握著知識的權力，扮演著智者的角色，而講故事的人則被學術界的權力所壓制，扮演著資訊提供者的角色。

　　這裡所描述的是相比之下，生命史研究通常如何介入，讓兩個人展開對話和進行敘事交流，參與一個反身性和意義創造的協作過程，對話者在個人敘事的發展過程中互相幫助，這有可能超越原來的故事，也就是說，講故事的人開始意識到晤談者和故事中的自己之後，會從他們自己和他人那裡獲得新的理解、新的資料、新的紀錄和新的說法。新出現的敘事是這種交流的結果。換言之，當所有其他的訊息都被輸入到漸進式的敘事發展中時，生命史就會進化演變。因此，這不僅僅是「你告訴我你的故事，我會把它寫下來」。事實上，最初的生命故事只是從談話開始，但並沒有結束。這是研究協同者之間的相遇，在不斷進行的相遇所帶來的新視角範圍內，對生活經驗理解的演變超越了最初的故事本身。

　　在我們對教師生命的研究中，透過生命史的取向看到，當前的教師在某種意義上是由一個訓練過程所構成的。如果我們訪談在頭幾年教學合格的教師，他們講述的故事主要是那些在技術上符合課程範本、目標、測試和排名表等教育體系要求教師要做的事情。對照之下，在1970年代對教師進行的生命史訪談中，他們講出完全不同的故事，這些故事通常是關於他們自己作為「自主專業人員」的故事，他們可以在自己的教室內發起各種創新實踐。生命史訪談和對話交流有助於研究者和教師參與者，了解為什麼他們（教師們）以特定方式在特定時間講述了特定的故事。因此，教師更清楚地認識到作為一個職業的教學工作在政治和社會上是如何被構建的。

　　生命史涉及到一種協作，透過這種協作，資料在長期的相互交流中得到發展，共有的解釋和新興的理論是被共享、討論和「測試」著的。這樣，對生命敘事的理解就在交流的過程中出現，而對生命敘事的解讀則以對話交會為基礎。因此，生命敘事不是靜態的背誦，而是敘事重構、再敘和形成的演進過程。

　　Goodson（2006）認為，有必要對人類經驗和學習發生的「脈絡、歷史和社會，對其建立一種理解」（頁8）。因此，生命史最好是去追求兩者平等的敘說交流，兩個人一起找尋意義和理解，這種找尋即是在他們各自的故事和更廣泛的社會和歷史脈絡中「定位」自我。

三 敘事作為研究的介入

　　這種理解生命史研究的方式，從研究倫理的角度會提出一個巨大的挑戰。不介入主義（non-interventionist）的取向可以使研究者感到更輕鬆舒適，因為他／她不會有干擾參與者生命的企圖。研究人員所做的一切就

是讓參與者分享他們的生活經歷或生命故事，而不必導致任何進一步的後果。對研究倫理有特別意識的社會研究者也會感到欣慰，因爲他／她正在傳播自己所聽到的參與者聲音。

事實上，這種社會研究的觀點有著誘人的吸引力，包括有意增權並給予沉默者發言機會、接觸更廣泛的閱聽眾、轉錄生命經驗以及橋接現實世界與知識世界等。然而，正如前面所討論的，短暫的權力有時也可能是極度地削弱其權力的，這是個終極悖論。

在這裡，我們的立場是有所不同，我們認爲應該更深思熟慮的故事交流和更有意識地進行對話交會。從以生命故事爲核心的敘事研究轉變爲生命史研究的過程中，我們試圖同時改變以達到研究方法學的支柱和互惠交換的可能。

也許可以從上面的討論得出這樣的結論：每當研究引出人們的生命敘事，或將其作爲了解社會世界的基礎時，研究者必須思考到使用生命故事的方法論和教育學。之所以將教育學納入其中，是因爲所有的社會研究計畫都不可避免地會導致，參與者在敘事過程中由於涉入其中而發生了理解上的一些變化。這種變化可以在不同的層面上發生，例如個人對社會世界的感知或他們的自我意識；關於活到這把年紀的想法；以及他／她未來生活的方式等等。然而，在某種程度上，不管研究倫理如何被界定的，無論採取什麼措施來保護受訪者，都必然會發生變化。而且它無論發生什麼，都有必要反映出來，因爲作爲社會研究者，我們實際上參與了這個過程。

這就導致了這樣一種觀點，即生命史研究不僅僅是一種敘說交會，更是一種教育學交會（pedagogic encounter）。這一方面將在後面的章節中進行更詳細的探討，包括深入調查在敘說交會中會發生了什麼樣的學習。

歷史上，敘事轉向旨在幫助研究者從實證主義的取向，轉爲更整體和解釋性的取向來理解社會世界。敘事還有其他用途，在第二章我們已經

討論過了。這表明人們已經認識到人類主體和人的主體性的重要性，而不是把人當作客體來研究。敘事研究的複雜性以及其中所包含的各種陷阱都要求在進行敘事和生命史計畫之前，特別是存有道德禁區的情形，進行更為小心謹慎的思考。為了使研究人員能夠充分領會社會性交會（social encounters）的複雜性，有必要進行一系列的討論，有必要對人類交會（human encounter）有敏感性，但最重要的是要更深入地了解這種交會的本質，我們企圖在本書的第二部分談這件事。

生命史研究所面臨的挑戰迫使研究人員承認，沒有辦法完全暫停世界上的權力關係和階級劃分等問題，這是不可能的。要做到這種交會逼使研究者和被研究者，在公開的交流中共同面對這些問題，這是這種研究過程最大的優點。

因此，試圖保持距離和客觀，完整保持研究主體的生命經驗是不可能的。雖有研究者提出敘事和生命史研究不可避免地會探問到深刻的個人問題和提供自我反思的機會，而干擾到參與者的生活（Gill, 2005）。在這種方式中，生命史研究從一個人的敘事開始，而最終要得出在脈絡中仔細檢視一個生命或多個生命的觀點來。

生命史也提供了另一個機會，以一種更批判性的方式重新審視社會研究的性質，它呈現社會學家提出的社會互動（social interaction）和社會動力（social dynamics）觀點（如性別、權力、種族、階級等）的複雜性，也開啟人類複雜的內心地景，包括了人的情感、主體性、認同性和個性等。關於生命史研究永無休止的倫理爭辯仍繼續存在，因此他們早該這樣做。敘事研究充滿了倫理和情感的兩難困境，人類生活也是如此。

四 「籠中之鳥」——潔絲米的故事

在其他文章裡，我們曾主張過：

敘事研究者的作用是促進和催化參與者發聲，並要經常讓這樣的發聲出現，以避免「學術殖民」（academic colonisation）。事實上，殖民化一直是社會研究中真正的議題。然而，我們認為放棄所有的協作就是一種真正的棄守。它雖可以讓說者或參與者的故事「未受污染」，也未受改變，但是這也使得，進一步的理解也無法產生。（Gill & Goodson, 2010，頁157-158）

在本章的這一節中，我們想用一個案例研究來說明研究對話如何作為一種介入和學習機會，以促成研究參與者的成長。

潔絲米（Jasmine）是Scherto在一個研究計畫中訪談的十名學生之一，該計畫調查了海外華人研究生從中國到英國的旅程。計畫開始時，潔絲米二十二歲。計畫訪談持續了一年，在此期間，Scherto至少每學期與學生進行一次個別訪談，每學期三到四次。其間有許多非正式會議，為小組分享故事和進行對話交流創造了理想的機會。

以下是潔絲米和Scherto共同編撰的敘事概要：

在我成長的過程中，我這個年齡階段的大多數年輕人都來自獨生子女家庭。媒體經常說，這些獨生子女從小就被當作小「皇帝」和「皇后」撫養長大，是他們大家族關注的焦點。

但我的生活卻根本不像個皇后。

　　我出生在一個知識分子家庭。我父親是一名大學講師，母親是一名編輯，後來成爲一名擁有自己的出版公司的企業家。我的父母都出身卑微，努力工作以達到他們的地位。所以努力工作是他們的座右銘。像中國這樣的大國，大多數人都有同樣的座右銘。我非常理解這一點，也很欣賞人們爲了避免陷入貧困而進行的那種鬥爭。

　　就我記憶所及，我一直像「籠中之鳥」一樣被父母緊緊地控制著。這可能是因爲我出生的時候，我父母都快三十了，他們想好好照顧我。作爲一個孩子，我真的很討厭我父母所謂的保護，他們爲我做了所有的決定，僅僅是因爲他們認爲什麼是最好的。

　　在我長成一隻被豢養的鳥的同時，我也被鼓勵去探索知識的世界。我很小就學會了讀和寫，從那時起我就一直是一個敏銳的讀者。我還記得我兒時讀過最喜歡的中國鉅著，如《西遊記》、《水滸傳》、《三國演義》、《安徒生童話》、《天方夜譚》等故事。這些書激發了我閱讀的熱情，創造了一個幻想的世界。我逃離到書本的世界，書讓我感到自由。

　　學校教育（甚至小學）就像酷刑一般，也都是大班級，教學是爲了操練，作業總是那麼繁重。我從未覺得自己有過童年，在學校裡，我們唱著關於童年的歌：「哦，甜蜜的童年，純真的童年，充滿發現和幻想的快樂童年。」但是甜蜜、純真、快樂和發現在哪裡呢？我這一代人沒有這些經歷，因爲孩子們爲了爭奪進入高等教育的有限機會而變成了學習機器。

　　我唯一真正的童年是在那些書中，但即使這樣也沒持續多久。幻想世界每天都要讓位給大量的家庭作業。我父母把我房間裡所有「不必要」的書都拿走了，換成了考試用書。他們一直說如果我考試不及格，我就沒有前途了。我必須努力讀書，而不是「做白日夢」，因爲「沒有人能輕易地通過大學入學考試」。

　　但我在做夢，例如夢想有一天我可以自由地離開家去上大學。毫無

疑問，我會朝著更高的學習階梯上去，這是我父母的期望之一。對他們來說，我的未來是讀一所好學校，一所好大學和擁有一份好工作。

我有自己的計畫—我想上大學，以便擺脫父母親的束縛。所以我非常努力和認份地讀書，讓我在大學入學考試中出人頭地。我做得很出色，結果很好。當輪到我選擇要申請的大學時，我的父母建議我，不，他們從不提出任何建議，他們只堅持要我上一所當地的大學。它很有聲望，在全國排名第五。你無法想像我的失望——「那隻鳥沒能從籠子裡逃出來」。

大學生活還不錯，至少父母沒給那麼大的壓力讓我努力學習。這週我還住在校園裡，週末就要回家報到。我研究了大眾媒體與傳播學，發現這門課很有趣。

當時，許多中國家庭能夠負擔得起子女出國留學的費用。我大學的一些同學有獲得獎學金，到北美和歐洲留學。我的心飛馳而去，想像著我必須遠離父母才能獲得的自由。別誤會我，我愛他們，感激他們的愛和保護，但我也相信他們可以用不同的方式愛我，例如，相信我可以在沒有他們的幫助下高飛，或者找到屬於自己的幸福。

我的父母把我出國留學的願望看作是殷切的期盼，令人驚訝的是，他們確實鼓舞了我。他們希望我成為菁英階層的一員，並願意為我提供資金支援，以推行海外求學計畫。所以我逮到了這個機會，那是我的逃跑路線——「這隻鳥終於從籠子裡飛了出來」。

我第一次到西方就一見鍾情。在之前就到的中國學生的幫助下，我很快就在英國定居下來了。儘管我不得不面對許多問題要調適，如烹飪、購物、適應西方大學的教學方法、在「陌生人」之間交朋友、在新的地方獨自做一個陌生人、在英國生活和學習以及在歐洲旅行，對我來說都是一個巨大的成長期。

我意識到我的許多變化——我在管理個人生活方面變得獨立，但在

自己的思想上也變得獨立，這是最重要的。我最喜歡的是能夠為自己做決定，並且知道這些都是好的決定。例如，我念了有人類學課程的媒體研究碩士，然後我拿到了第二個碩士，文化人類學，因為我很清楚我的興趣在哪裡，我有學習動機。我也經常旅行，當你旅行時，你必須經常做決定。這些經歷使我對自己的能力充滿信心。

在與來自世界各地的學生共用一棟房子的過程中，我遇到了許多關於生命意義和價值的不同觀點。對生活的不同態度、個人目標和看待自己在世界上地位的不同方式，對我產生了重大影響。我真的被激勵去重新審視自己的看法和世界觀。

作為這個研究計畫的一部分，而且與你和其他中國學生進行如此廣泛的對話，也有助於把我的許多遭遇和跨文化經歷聚集起來，使我更加意識到文化差異，更加理解人們為何思考和做事情會如此不同。最重要的是，我覺得我現在對當個中國人有了更好的理解。在我離開中國之前，我仰望西方，認為西方的一切都是好的——西方的教育更有趣，在那裡孩子們可以玩得更多、更快樂、環境更乾淨、更民主、更注重人權和更公平正義……我們難道不都認為另一邊的草更綠，月亮更亮嗎？現在，我在考慮這些差異時更為挑剔，但我也更感興趣的是自己用全新的眼光看待中國。

我在很多方面都已改變了，有時候我說的和做的事情都讓我感到驚訝。我意識到我也在培養一種新的個性——我比以往任何時候都更成熟、更開放、更不害羞，而且我比以前更加懂得「不屈不撓」這個詞的意思，我更加感激我的父母，他們也注意到了這些變化，但我認為他們不太確定我回家時這一切意味著什麼。

我準備回去了，這就是我所認為自由的本質，我已經從我感覺被俘虜的籠子裡飛走了，但現在我可以帶著自由的感覺回來了，因為我有更強的自我意識。我要回到我成長的地方，因為我知道我想在那裡做一些事情，

我想我可以改變我所關心的人。

　　許多中國學生想留在英國或歐洲工作，以期定居下來，但我知道我的工作、生活和我的家都在中國。我想製作電視紀錄片，講述特定類型的故事，「被遺忘的故事、被虐待的故事、脆弱的故事和平凡的故事」，我們都知道在中國有很多這樣的故事。我想讓那些能夠幫忙做出改變的人，聽見這些被講述的故事。那將是我目前的計畫。

五　對話與反思

Ivor：閱讀和重新閱讀潔絲米的敘事簡介，我真的可以看到，你的研究本身在很多方面起了介入作用：首先，研究訪問為潔絲米提供了一個理想的空間，讓她了解她作為一個獨生子女在中國的生活經歷。她選擇了一個非常有趣的比喻，很好地扣著她的自由之旅。第二，本研究將參與者聚集在一起進行對話交流和共享著意義生成。從文本中可以清楚地看出，她正在對自己的文化產生新的理解。第三，研究對話和編輯她自己的簡介，進一步給了她一個機會，鞏固一個新興的和更強的自我意識。讓我們花點時間回顧一下你在閱讀本文時所經歷的過程。

Scherto：這個文本不是完整的版本，而只是一個敘事簡介，意在簡短。當我們完成編輯的時候，潔絲米已經二十四歲了。所以從研究開始到現在已經有將近兩年的時間了。她在一定程度上修改了文本，以反映她的理解隨時間的變化。

這個文本是一個通力合作的成果。我在閱讀了三次深入的一對一訪談、談話和許多小組討論的大量逐字稿後，把初稿整理在一起。潔絲米讀了草稿，敏銳地編修了自己的話。她說這使她的敘事更具回顧性和反省性。她刪除了一些文字，又添加了其他文字。例如，在她討論

失去童年的時候，她最初的訪談只有一句話。這段話是後來在一次關於英國和中國學校教育差異的小組討論中加上的。我研究的另一位參與者，林（Lin），正在英國攻讀教育學碩士學位，她與該小組分享了目前在英國正在進行的關於兒童福祉、社會發展和情緒發展的一些辯論。隨後，潔絲米與林和其他人就中國缺乏對兒童的尊重，以及中國的教育制度實際上阻礙了兒童的學習等問題，進行了冗長熱烈的討論，然後我們一起閱讀了編輯後的文本，討論並最終定稿。

Ivor：我情不自禁地感覺到，還有很多缺口需要探索。

Scherto：你說的對，在潔絲米的敍事簡介確有缺口。在這段摘錄中，潔絲米決定作為一名紀錄片製作人工作，讀起來有點離題。脈絡是作為一名傳媒系所的學生和後來的文化人類學系所的學生，潔絲米發現中國正成為西方媒體的熱門話題。但對她來說，過於強調中國空前的經濟增長，而不夠重視對中國的整體了解和對普通人民生活的了解。這項研究也為潔絲米與其他參與者就這個話題提供空間進行對話。潔絲米對「富人」和「窮人」之間的鴻溝正在擴大感到沮喪，而且弱勢群體的幫助卻微乎其微。在暑假期間，潔絲米透過自己的志願服務接觸到慈善事業和慈善家工作，她更加意識到自己身上的特權，以及感受到那些生活在貧困和絕望中人的苦難。

在一次訪談中，當她談到她在一家中國醫院的經歷時，潔絲米表達了極大的惻隱之心，她母親因為一個小手術在那裡住了一個星期。潔絲米看到了她母親奢華的個人病房，與普通病房形成了鮮明對比，普通病房有20多人在同一個房間，醫院走廊裡一片混亂。她被自己的同情心所驅使，開始傾聽這些人的故事。

還有很多其他的關鍵事件，潔絲米發現了她所經歷的與自己相關的變化，以及我們的對話如何說明她內化這些變化。這些記錄在訪談紀錄

中，由於空間有限，無法包含在敘事簡介中。

Ivor：你在研究對話中提到了潔絲米的情緒反應。在你的研究互動中，情緒有多重要？

Scherto：在敘說交會中，情感和情緒是受到認真專注的傾聽和回饋而牽動的，而非理性評價和意見。共享深入的個人故事讓我自己（研究者）和參與者專注於調動情緒反應的經驗，我們一起來反思和分析。

Ivor：作為一名研究人員，你與參與者的關係正從相識轉向友誼。這是一個關於研究倫理的問題。Kenneth Plummer（2001）鼓勵所有研究人員反思他們自己的情感，特別是在與一個人或一群人相處一段時間之後，以及像你一樣認真聽他們的故事之後，用Plummer的話說，因為有一個「積極的情感再投入」。

Scherto：事實上，Plummer認為研究人員甚至可能會「愛上」參與者。因此，研究者有必要對研究中出現的新關係有更多的反思性。當然，透過這項研究，我和所有參與者的友誼都在增長，我和他們其中至少兩個人保持著朋友關係。讓我欣慰的是，這是一個群體中共享的意義生成，也是參與者共同構建其敘事簡介的機會。我覺得我沒有利用「訊息提供者」在干擾他們的日常生活後離開，利用他們的慷慨來寫一篇論文。相反，這項研究是對所有人的深刻反思和學習。如此深刻的分享和用心的傾聽在我們之間建立了聯繫，只有親密的友誼才能做到。

▌問題討論

在本章中，我們在闡述生命史研究過程的同時，也提出了生命史應旨在提供「一個在脈絡理論中的行動故事」。在研究使用生命故事和敘事的作品時，必須考慮「行動故事」與歷史和社會的「脈絡理論」之間的平

衡。

在上面的討論中，我們認為許多敘事方法都聚焦於人們的故事，特別是他們的行動故事，很少有人試圖發展脈絡理論。

- 進行敘事研究要探究和檢查人們「故事」的文本和「脈絡理論」的發展之間的平衡。
- 花點時間看看研究人員是如何發展脈絡理論的，尤其是使用了哪些其他資料來源以及如何使用它們。
- 如果研究是以故事開始並以故事終結，這是因為目的是要「捕捉人的故事」，還是因為所採用的研究方法之性質使然？
- 審查敘事研究的研究成果還包括評估研究者的目標，以及評估協同研究的情形。協作（如果有的話）如何影響最初的生命故事？

在本章中我們重申，生命史研究傾向於提倡一種理解敘事的協作方法，研究者和她的參與者（們）在研究問題和生命故事共享的範圍內一起進入解釋階段，其目的是在行動故事上進行合作，同時發展新興的脈絡理論。

- 尋求以合作的方式發展敘事和脈絡理論有多實用？是不是太費時了？
- 新出現的主題和脈絡理論是否允許研究人員和參與者透過生命史工作來發展更廣泛的社會學、歷史，甚至哲學的理解？
- 權力議題和「學術分工」是如何侵入這一過程的？如何處理這些問題？
- 檢視你在該領域的經驗。在你的研究解釋中，運用的專業知識和學科標準的來源是什麼？研究過程是否改變了受訪者的理解，或者僅僅記錄了現有的理解？研究過程以什麼方式改變了你對研究問題和你作為一個人的理解？

　　敘事方法和生命史方法都進入了人的主體性和知覺的複雜網絡，這使得此類研究進入了一個矛盾、細微差別、不確定性，甚至混亂的領域。大多數實證主義方法採用狹隘的確定性，與其相比這使得此類研究耗時且費力。

- 研究工作所涉及的時間和複雜性是否與理解的發展成正比？充分融入參與者的敘事和生命史，是否必然對人的主體性有一個全面的理解？

- 一些研究者將混合方法設計應用於人們敘事的研究。比較全浸法（full immersion approach）和混合法（mixed-method approach）的優缺點。

▌延伸閱讀

Chamberlayne, P., Bornat, J., & Wengraf, T. (Eds.). (2000). *The turn to biographical methods in social science: Comparative issues and examples.* London: Routledge.

Fraser, H. (2004). Doing narrative research: Analyzing personal stories line by line. *Qualitative Social Work, 3*, 179-201.

Goodson, I. (2003). *Professional knowledge/professional lives.* London & New York: Open University Press.

Halbwachs, M. (1980). *The collective memory.* F. Dulles & V. Ditter (Trans.). New York: Harper & Row.

Mishler, E. (1986). *Research interviewing: Context and narrative.* Cambridge, MA: Harvard University Press.

Roth, W. (ed.) (2005). *Auto/biography and auto/ethnography: Praxis of research methods.* Taipei: Sense.

第四章
敘事建構及敘說能力

陳永祥、蔡仲庭譯

於是，一個整體是指有開始、中間及結束的東西。所謂的開始，是在其之前不必然有他物，但在其之後必然有某種東西跟隨著。相反地，所謂的結束，是在其之前必有他物，而結束本身則作為他物之必需或通常如此的後果；更且，在結束之後不再附隨任何東西。至於中間，則跟隨在某種東西之後，而中間本身又在另一種東西之前。如此，一個建構良好的情節（plots）不能以雜亂的方式開始，亦不能以雜亂的方式結束，且必須遵守我所描述的樣式。

⋯⋯

更且，任何可稱為美的東西，無論它是活的個體或是由許多部分組成的物，需令其各部分都有次序，且大小適當。這是因為美是與次序及大小綁在一起的。

⋯⋯

給一個簡單的定義，一段長度是個可被觀察的適當距離，而此距離足可讓苦難變成快樂，或從快樂變成苦難，無論此變化是基於一種可能或是一種必然。

——亞里斯多德《詩學》（The Poetics）

緒論

在第三章，我們提到個人敘說特性（narrative character）的概念。在本章，我們將會更仔細探索個人敘說特性如何在他或她的敘事過程當中成為意義生產的利器或障礙。對於敘說特性的更深理解亦可作為一種基礎，此一基礎使得我們能逐步展開對於一個命題的討論，即生命史研究是教育場域中的一種學習方法。此一教育場域使得研究者在敘事交會期間尋求更多有效益的涉入及對話機會，而這將導致轉化的可能性——可能改變他/她如何感知個體、如何感知自己與他者之間的社會關係，以及如何感知社會世界中每個人的行動。

以下，我們將先回顧Labov在個人敘事結構方面的研究。然後，藉由最近的研究經驗，我們將審視我們所觀察到的敘說特性類型，且分析它們如何影響參與者在生命史研究中交會期間的潛能，而達到更深的理解及學習。

最後我們將會以克里斯多福作為例子，藉以展示敘說特性在生命史訪談期間具有改變的可能性，而此一改變是否發生，則取決於參與其中研究者們的互動方式，以及參與者是否願意重新建構其敘事。

最後，我們會將焦點轉向有潛力的教育議題，它們在敘說交會期間可能有助於鼓勵學習的進行。在此過程中，我們試圖拆解「教育場域」、「學習」及「道德」行動的概念。

一 敘說特性

敘說特徵（narrative characteristics）是由Labov（1972）首先辨識出來的，他倡議在社會特性及個人敘事結構之間有某種關聯性。Labov提出一個敘事結構模型，指出敘事者在解釋其生命事件時有六種類型，而每一種

都涉及敘事者如何解釋生命中的事件：

1. 摘要（abstract）──簡短摘要事件或故事；這會將聽眾的注意力導向敘事者即將要說的故事。

2. 背景（Orientation）──為了建立場景所做的進一步解釋，這包括事件或故事於何時及何處發生、涉及誰或關於什麼事等等。

3. 難題（Complication）──描述事件或故事的核心，得出「發生了什麼事」的細節，以及其發生的順序。

4. 解決之道（Resolution）──再現事件或故事的關鍵時刻。

5. 評價（Evaluation）──以更清楚的方式向聽眾交代故事的要點。

6. 結語（Coda）──以概括的陳述示意故事即將結束，且強調敘事者所在意的重點。

依據Labov（1997），此一模型有助於讓研究者／訪談者以一種可靠的方式辨識故事的發展過程及其結局。與此同時，社會語言學家也對於個人如何敘說他們的生活經驗更加感到興趣，尤其是敘事者如何使用某種語言特徵，以及如何藉由其他語言資源來詳述他們的故事。這些總加起來，也讓社會研究者理解個人如何以故事敘說性別、族群特性、階層、年齡、某種職業或生涯。經由此一模型，社會研究者會對以下事實更加敏感：說故事者或敘事者傾向於改變他們的敘說特徵，而這是基於他們的選擇、他們說話時所要呈現的自我，以及說話時所身處的脈絡。

但，就本書目前為止已進行的討論而言，Labov的模型無法順利地用來探究生命史研究中某個敘事所具有的情節設置（emplotment），尤其是敘說品質（narrative quality）及改變理解的可能性二者之間的關係。明確地說，我們關注兩件事。其一，個人如何改變對於脈絡的理解，而此脈絡是指可讓自己、他者、社會世界及各個生命得以開展的歷史；其二，個人可能會依據此新理解而重新形成他的行動方針（course of action），以及

這是如何做到的。我們的研究經驗已帶領我們踏上一趟旅程，它讓我們看見敘事者於敘說生命故事時所浮現的敘事模式。

此一具體研究是由ESRC所執行的一項計畫，名為「生命學習」（Learning Lives），在2004至2009年間由Ivor Goodson以及他的同事主持（Goodson et al., 2010; Biesta & Tedder, 2006）。在計畫剛開始時，研究者們之間有個共同的假設：每個人都是獨特的，於是每個故事本質上都與他人的不同，但儘管如此，所有故事仍有一種可辨識的共同目的及形式。換句話說：每個人都會說故事，都會敘說他們的生命，而敘事的結構應該相當類似。但，此一普遍的假設後來被證實是錯的，在訪問超過120位參與者，在此過程中研究者發現各個故事不僅在本質上不同，其基本結構及目的亦有顯著且能被辨識的差異。

這意味著每個人的反應是不同的，而這就是他／她的敘事風格，也就是他／她的敘事「特性」（character）。每個人都用其特殊的詮釋機制處理他們的經驗，且基於一種相當獨特及足可讓人辨識的樣式。由於每個人都會反思自己的故事，我們不只需找到自己的故事，還需理解我們所用的各種獨特方式，包含詮釋、回顧、使用以及演出。此一詮釋性的過程就是我們所謂的「敘事性」（narrativity）。它成為我們是誰的重要成分，它同時也造成人與人之間不同的敘說特性。這有助於某種程度解釋人們為何在面對相同事件時卻出現不同的反應，以及解釋他們為何採取不同的道德、公民及政治立場。

在此一生命學習的計畫當中，說故事者的人口分布很廣，從年輕到年老，從無家可歸者到天生好手，從無業者到藝術創作者。但，不像Labov的模型那樣，最初的社會標籤對人們的敘事性僅提供少量的指引。儘管在社會地位與說故事的風格之間存在某種關聯，但這並無決定性。簡而言之，敘事性在面對社會地位與社會結構時，會出現多樣的詮釋反應。更有

甚者，由於說故事通常與個人計畫及目的有關，當此二者受到社會力量（social forces）壓迫時會提供多變的詮釋機制。這倒不是說社會力量不具有核心性的重要地位，而是說不能假設在社會模式與個人反應之間有一種直接關聯。任何一種社會改進的策略都需在社會模式及敘事反應二者下功夫，因二者都會影響人的主體性及動機，無法分開來談。

因為此一計畫延續了四年，所以我們觀察到人們在生命歷程中不同階段解釋其中發生的事件。於是，似乎有一種可辨識的詮釋過程，以及繼之而起的敘事方式在作用著。我們有機會見到人們某種程度地改編、增加、改變他們的生命故事，有時，他們的生命也發生實質的轉變。

簡言之，一個人的敘事性或他的敘說特性可能對他的學習潛能及行動產生衝擊。就學習如何改變理解的過程而言，敘事以及建構故事成為重要的一部分。以此種方式，情節設置能表徵（signify）說故事者的敘事策略，因其允許敘事者／作者脫離那些建置好的常規以及信仰的樣式（Bruner, 1990）。

我們從生命學習計畫得到許多洞見，其中有些洞見各不相同，但可辯識的敘事性樣式。有關Goodson（2006）依據敘事者所說早期生命故事的長度，以及其所提供的細節與深度，定義出人們有不同種類的「敘事強度」（narrative intensity）。大致而言，當一個人在從事高度反思以及內在對話之時，他可能陷入一串連續的敘事流（narrative flow）當中（參見Biesta & Tedder, 2006）。相反地，當此種內在敘事活動較少出現之時，不管這是由何種原因造成的，在生命訪談時敘事者就較難進入敘事流。此一訪談過程很大程度地隨著每個參與者敘事強度的不同而有差異，而此一強度又取決於（相當大程度地）內在反思活動的程度，以及研究過程中所建立起來的關係及信任。

Goodson、Biesta、Tedder以及Adair（2010）將人們在敘說他們生命

史時所使用的敘事策略分成兩個向度：描述性（descriptive）或詳述性（elaborative），以及分析性（analytical）或評價性（evaluative）。在我們重新審視及分析從生命學習計畫所獲得的某些對話及敘事片段之後，再加上我們自己的研究對話及交談，我們進一步擴展參與者敘說特性的理解範圍，且將此一理解摘要發展出如下所示的圖／模型。在進入更多細節之前，我們希望能提醒大家一件事（儘管這是一個事實），也就是當我們在試圖闡釋不同的敘事能力之時，儘管我們確實設計出一個視覺圖示，但這絕不是在倡議以固定的方式來詮釋不同的敘說特性，同時，我們亦不意圖提交或暗示任何固定的樣式或類別。

高敘事強度指那些似乎活在「敘事當中」的人，或那些花很多時間反思及微調他們的故事的人。這些高敘事強度的人可歸為兩型：「A」與「B」。「A」型的人傾向於說一種詳細（經過細微調整的）但帶有反思的故事。在研究過程中，當訪談者與這種人互動時，會發現他們更能詳述且所說的故事更具有分析性，訪談者會察覺他們正在從事一種內在的「對話」，他們處在一種持續地成為（becoming）過程中。另一種對此的解釋是，此型的敘事者傾向於採用敘事建構作為他們形成意義的主要機制。

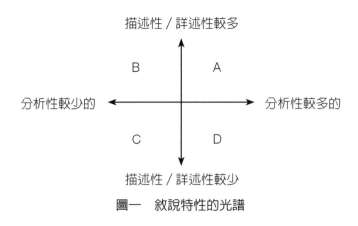

圖一　敘說特性的光譜

　　相對的，儘管「B」型敘事也是來自那些具有高敘事強度的人，他們較不反思，亦較不分析。敘事者好像輕易就能進入敘事流之中，且他們的故事常以一種預先演練好，以及很大程度地以一種非即興的方式上場。有時，高描述及少反思的敘事者能說一種我們稱之為高腳本化（highly scripted）的故事。在此腳本化敘事（scripted narrative）所指的是：依據某種特定的生命版本詳述其故事。Labov指出此類的敘事承襲某種社會語言學的特性。就如一位在生命學習計畫中的受訪者所說的：「生為一個農夫，死時仍是農夫。」這是由社會所提供的腳本。對此計畫的研究者而言，有強力的證據顯示這種僅有少量個人描述及反思的人，會導致有限的行事能力或學習。

　　與此同時顯現出來的是：個人的敘事能力深植於文化及社會的力量，這包含性別、族群特性、民族、階級及職業等等。對某些人而言，已編好的敘事腳本可再被重構，但對另一些人而言，這可是一種優勢版本，可能會阻止他／她嘗試不同的生命陳述，因此可能阻礙任何學習或新的行動。在稍後的第六章裡，我們將更仔細檢視一個敘事如何在前述的互動與交會當中進行可能的轉變。

　　「C」及「D」型都指較少詳述（elaborative）的陳述。當受訪者屬低敘事強度時，無論訪談者如何試圖引出對方的生命故事，他似乎都會遭遇更大的困難。由於生命故事未被積極地反思及排練，其與敘事流的連結於是更加不易。通常，訪談者會遇到一個更加遲疑的敘事建構過程。誠然，並非所有人都是身經百戰的敘事者，或非老練的內在敘事建構者，但生命故事的確就在那裡存在著，儘管或許甚少去提取。這不是敘事是否存在或缺少的問題，問題更多反而是敘事進行反思、排演與重新陳述的強度。這通常是敘說品質屬於D型人所發生的情況。

　　個人敘事詳述（narrative elaboration）的模式與情節設置的議題緊密

相關，我們在本章開頭引述亞里斯多德的話時就已做了些暗示。敘說品質（narrative quality）可由生命故事是否經過精心情節設置來加以評估。對於「情節」的精巧設計（或稱為情節設置），與發展一個行動方針息息相關。在某種程度上情節設置與個人能動性有關，並可聯結到其正在發展中的學習策略。當人在生命敘事的過程中逐漸改善其「情節」時，就是在顯示敘說品質的改進，也是在打開敘事通往行動及學習路徑之路。我們將於下一章再度談到此點。

讓我們再強調一次，關於上面敘說品質的光譜，我們希望著重在敘說品質的差異，而不是導致自尊或效率的階層化，但它可作為一種協助，有益於理解不同的表現樣式。

在此一光譜的一端，是我們所謂的「腳本」敘事，而另一端則是更接近於詳述及反思／分析的敘事。這顯示敘事工作可在以下這些狀態之間游移：在某種被動的過程中；或以一種內省方式重新陳述發生了什麼事；或與他者發生轉換性的交會，及最重要的是與自我之中的他者交會，就像前一章潔絲米的敘事那般。這可以是再度成為作者，或重新建構敘事的過程。這與描述一個特別的「行動方針」有關，就如我們將在以下的例子中會見到的那樣。在這個例子裡，我們檢視了敘事者的認同計畫及個人的行事能力。

無論如何，高度詳述的敘事（同時搭配較高的個人描繪能力）不見得總會導致學習、較佳的理解以及行事能力。

二 克里斯多福的敘事——他在生命中的學習

克里斯多福（Christopher）是一位操作木偶的人，1942生於英國南方，在那裡度過他大部分的日子。他的親生父母在他兩歲大時離異。之後

不久，他的母親再婚，於是克里斯多福由他母親及繼父帶大。他母親後來成為一個有酒癮的人，也患有廣場恐懼症。克里斯多福未能與他繼父建立起「父子」關係。克里斯多福是一位同志，來自於一個破碎的家庭，這似乎是他對於自己生命故事的核心理解。

克里斯多福記得，從他生命的早期起，他就覺得自己總是被標記為「流浪者」，或一個「古怪的人」，但雖然克里斯多福不太符合此標籤，但其他人常用此來指稱他。大約從八歲起，克里斯多福將自己沉浸在木偶的世界中。

他上學以後，後來轉去藝術學校就讀，學劇場設計。劇場設計是克里斯多福與他父母之間的妥協。他父母希望他有個「安穩」的職業，較希望他或許可以進入家庭事業，去設計電池蓋。在他接受藝術學校的正規教育期間，用他的話來說，他都是在「夢遊」中渡過的。能夠喚醒他的，是盡可能地學會關於木偶的種種事情，以便將來成為一個成功的木偶操作者。這成為他的「生命計畫」（life project）——木偶表演藝術。當他成功地拜一位著名的木偶表演藝術工作者為師之後，他就離開他所就讀的學院了，並未完成他的劇場設計課程。

從那時起，他的生活及學習都以成為一位木偶操作者為中心，繞著它打轉。除了正式的學習機會之外，克里斯多福還與許多老經驗的木偶操作者混在一起，藉機學習。

早期，克里斯多福與一名男士建立起親密關係。這位男士為克里斯多福打開藝術世界之門，而那是克里斯多福從來不曾見識過的。當兩人的性關係結束之後，他們仍維持著朋友關係，或許是「學習夥伴」。這種關係持續了很多年，直到最近才告斷裂。對此，克里斯多福非常懷念。

在2008年時，就在訪談快要結束之時，一位與克里斯多福維持了28年的性伴侶離開了他。此時，克里斯多福發現他自己來到了社會生活的十字

路口,而與此同時的是,他覺得他的創造工作亦來到一個重要的「分水嶺」,或是一個「主顯」(epiphany)的關鍵。在工作之中,他已到達一種將自己的某些面向融入作品中的「階段」,於是他與自己的木偶表演緊密相連。

這也是他第一次面臨生命的有限性。既然一個生命中的新角色在他的社會生活中展開了,克里斯多福希望透過當前此一困難的階段解決他一直感受到的內在／外在世界衝突,且要用一種有創意的方式,因為就像他自己說的:「那才叫做學習」。

儘管他的關係始終處於困難的狀態,克里斯多福認為他的核心議題仍是成為一位木偶操作者,以及渴望將他的「使命」、他的精神或內在需求與他對自我計畫(self-project)的努力,全都綜合在一起。

三 透過敘事的自我理解和轉變

我們探索克里斯多福和研究人員之間研究訪談的過程或對話,克里斯多福在這個計畫裡產生確認的學習,包括他對自己的理解與他未來可能朝向的方向。這個分析來自與克里斯多福的討論,聚焦於他的敘事模式和性格,即便它可能像是精神分析,但它並沒有打算朝向精神分析的方向。

克里斯多福最初提供了一個極其詳盡和幾乎排練良好的敘說版本:來自一個破碎的家庭的孩子(一個酒醉的母親與一個遙遠的父親);一個不符合主流「標籤」的同性戀者;一個可以逃脫的木偶,在這個世界裡自己可以完全控制,並在藝術和自我表達中茁壯成長。克里斯多福可以控制的典型世界是製造木偶以及操縱木偶。他學會了懷疑別人對他的情緒反應,木偶操縱的環境是由一組他可以控制的木製象徵物組成。他在多次的訪談中都清楚地說過,他不會失去控制權,因為他永遠不會再讓任何人用他父

母對他的所作所為來傷害他。成為木偶操縱者完全是為了以某種方式創造複製人類的控制和象徵秩序。

在前幾次的訪談中，克里斯多福的敘說遵循著相同的模式─詳述、精心排練和充分講述。他是一個優秀的說故事者，每一個事件的敘說都進一步說明了他的主要人物，包括童年時期的創傷、異化的感覺、逃離到他感到不受威脅和可控制的木偶世界。

然而，在對話交流的後期階段，克里斯多福能夠看到他個人生活的新部分，特別是他正在展開的社交生活。對於研究人員來說，它突顯了兩個階段的生態（ecology）：在他內在與外在世界之間，「找尋平衡」與「達到和諧」。第一個階段是當內部敘說將他帶到那個擁有整體感的境界──即木偶操縱者。他表示可以發覺到他的工作生活已經穩定了，並且對他早期的創傷有所幫助；他的母親有非常嚴重的酗酒行為，他的生父在沒有任何預警的情況下離家出走，而他與繼父沒有真實的情感關係。這也許就是為什麼克里斯多福說，他有一種可怕的失落感並帶入他的世界中，以及為什麼他能夠透過他對木偶的原始敘事來安撫自己。

然而，當這個訪談的研究計畫啟動並且採訪到克里斯多福時，他才剛過60歲並且剛離開一段長期的私人關係。因為他的個人關係與工作關係的變化，讓他剛好正在一個生命中斷的時期，也開始面對生命的有限性，這些都成為他敘說經歷的一部分。該研究計畫持續了三年半的時間，構成他生命結構部分是來自敘事交會。克里斯多福說，他期待著「訪談」日，研究人員也期待看到他，這是對敘事交會的一種非常互惠的反應。

在這三年半的時間裡，克里斯多福正在進入一個不同的敘事角色。他原本的故事或他對許多困境的原本解決方案是，匯集為一個木偶操縱者的自我敘事，並且把自己投入在工作中，大部分時間都在木偶工作室裡工作。他的工作認同始終優先於他的人際關係。然而，這項研究訪談促使他

有著極大程度質疑自己的敘說，以至於他後來提到：「我生命中第一次願意把這些碎片扔到空中讓它們掉下來。」從某種意義上說，這種控制模式賦予了他一種工作認同感，但克里斯多福仍願意放棄完全控制的模式，並允許解構自我以走自己的路。這就是研究人員認為他進入了生態系統的第二階段，早期的敘說作為一種原始創傷的解決方法，但是他能夠從中解脫出來，並開始以不同的方式看待這個故事，讓它內爆並且自主出現一種新的感覺。「把碎片扔到空中讓它們掉下來」意味著一種新的自由和與舊創傷的分離，這就是我們所說一種全新的神聖生態時刻（holistic ecological moment）。

克里斯多福在最初的敘說中，表現出自己是一個相對受控制和紀律嚴明的人。他一開始堅持著一個良好安排過的故事，證實他的控制意圖。現在他似乎可以高興地說：「好吧，或許我不會那樣，或許我可以成為完全不一樣的，即便我不知道那會成為怎樣。」從某種意義上這似乎是一種更加屈服、超脫和嘲諷的狀態，更俱生態性，這也是第一次他真正接受了自己在這整個世界中的位置。

這些訪談對話發生在克里斯多福正在經歷生命的過渡時期，這可能會影響他不斷變化的敘說模式。生命的有限性進入了視域，他說自己開始思考它，並承認這是他第一次真正想到死亡。因此，「即將面對結束的感覺」與「第一次實際成為自己的自由」之間似乎存在某種關係，例如現在允許自己成為任何人。

因此，在面對生命的有限性時，出現了一種控制較少的敘說。因此，克里斯多福能夠將自己從最初的敘說設定中解放出來，變得更加全面與蛻變。克里斯多福對自己生命負責的陳述和面臨生命有限性，代表了朝向我們所謂的「統整」（integrity）轉變，我們將在第七章中更詳細地討論這個問題（關於克里斯多福生命史的完整討論，參見Goodson等，2010）。

敘說具有如同震央的功能。它們不僅僅是建構或幻想，它們也可以凝固日常行為。這就是敘事成為說故事的力量，作為理解人類在世界上的行為方式，這是至關重要的。

四 對話和反思

Scherto：在這兩章中，我們探討了生命史研究如何提供一個對話和反思的空間，個人利用敘說來了解他們自己是誰以及了解自己生命軌跡的決定因素。在潔絲米的案例中，她的敘說建構有著一個明確的目標，幫助中國的弱勢群體。在克里斯多福的案例中，它是一個開放的文本，代表了敘說特性的改變。

在本書的第二部分，我們會繼續研究敘事轉換中的對話交會與社會世界中個體行為之間的關係，從這兩個案例研究中探索這些關聯性。雖然這兩個案例都強調了訪談中對話和互動的重要性，我對這種方式的敘說感到有趣，這種敘說不僅出現在與自己、研究人員和其他參與者的持續對話中，也出現在互相關心的人之間，如果用潔絲米的話來說，這些就是家人。事實上，她指的是那些與他父母和祖父母同樣生活自貧困農村地區的人們。她決定開啟了一個為這些人帶來改變的計畫，而這個決定並非來那些浮動的道德觀點。

Charles Taylor（1989）稱之為「對話者網絡」（web of interlocutors）或者用你們的語言稱為「部落伙伴」（tribal folks），在構建一個人的敘說中這佔有很大的重要性。正如你經常說的那樣，有些人仍然與你保持對話，即使他們已經不再存在，例如你的父親、你的姨媽薇薇和你的叔叔克萊夫。社群對一個人有持久的力量，他／她的敘述與這些人錯綜複雜地聯繫在一起。

其中要探索的問題是，與一個社群（社區）透過對話構建出的敘說是限制還是解放？

Ivor：我相信兩者都存在，敘說就像Janus[1]雙臉門神般，它們指出兩種方向，同時面臨限制，也有可能解放（liberate）。每個敘說都必須同時具備這些條件，一個人可以被囚禁在一個特定（腳本）敘說中，同時也可以被它釋放。問題是如何處理敘說中兩面性（Janus）的問題。正如我們在克里斯多福早期故事中所看到的那樣，堅持生命願景而綁定於某種特定樣版上，並成為個人對自我感的來源，這可能是限制性的。當我們固定、特定而根深蒂固的自我感覺，與對人類情境和普世價值進行更廣泛理解，這兩者間建立某種的特定聯結，這就有可能是解放的。

所有敘說都在某種程度上傳遞道德信息，並傳遞了道德世界的形象。對我而言，敘說的效用部分與一個人要判斷如何在說當中嵌入價值有關。當我在這個世界上作出決定時，我確實真誠地與媽媽、爸爸、阿姨和所有已死去的叔叔對話，如果我這樣做，我會問自己爸爸會怎麼樣想？克萊夫叔叔會怎麼樣想？薇薇阿姨會如何想？敘說真的與我的祖先們溝通，這些祖先是存在我所屬的群體裡，並且在我的道德生涯中提供了這樣指導性的聲音，成為我的道德指南。我意識到個人內在仍然與一群對我很重要的部落伙伴密切相關，這種情況從未停止過，雖然他們都已經死亡，但這並沒有停止，我還是跟他們說了很多話。

所以，我所說的敘事是與敘說者關心的一組人進行持續的對話，而不僅僅只是一個自由浮動的道德立場。當然，在我的情況下，來自工人階級的背景，我的道德立場與關於壓迫、剝奪和弱勢群體的廣泛人道

---

1 譯者註：Janus是古代羅馬神話中的雙臉門神，具有前後兩個臉孔。

主義觀點有關，但在這樣的情況下，我必須和這些議題的人們進行對話來找到妥協。因此，我真的在社會世界中透過這樣的問題來提醒自己：「如果我這樣做，如果我真的加入那個紳士俱樂部，或者去做那件事，我爸爸會怎麼想？」

Scherto：我聽到你所說的，對社群倫理的提問可以成為個體人更廣泛質問社會秩序的具體例子。人們透過某群民眾和某個社群的視角來看待社會秩序。是對的嗎？

Ivor：是的，這兩件事對我來說再合理不過了。擁有一個社群並與之對話，並不意味著我不喜歡不屬於我群體的人，社會範圍內有很多善良的人，但是我想在世界上解決一系列具體的道德問題，我們要做的事情是，將自己部落中學到具體問題放到外在世界當中。因此，對我來說，我並不認為特定敘說、特定道德敘事會成為限制，如果它在普世道德關注的基礎下，我認為它並不會實際上有所限制。同樣地，我並不認為在某個時間透過自己與祖先對話，可能會限制你。如果你問我：「Ivor，你是否被囚禁在自己作為工人階級英雄的視野中？」我確實認為我處在這狀態裡，但我顯然不想相信我被囚禁在這樣英雄的視野中，與克里斯多福不同，因為至少我在50歲時，我自己的敘說在某種意義上似乎是配對的上，並且更自主的。那麼，為什麼我的薇薇阿姨、克萊夫叔叔和我爸他們死後，我還在跟他們說話呢？我相信對我而言，對我所重視的特定階級關係來說，這是一個特定的歷史時刻，它不僅具體，而且對我有恆久的道德意涵。在我看來，那些關於壓迫和剝奪的議題是永恆的問題，實際上現在可能比以往任何時刻都更重要。有趣的是，潔絲米在一個典型的中產階級家庭長大，但她會接觸到父母和祖父母根源的命令之聲，我猜測她更多地受到普世的道德關注以及她自己富有的同情心啟發。

當人們在自己的學習方面經歷這些問題時，當他們開始明白自己是人類共同流的一部分，他們的困境實際上是每個人面臨的普遍困境，他們可以因此聯繫到更大的後設敘說（meta-narrative）和更大的關懷，當他們從自我性的牢籠走向關懷的更寬廣高原，這就是學習，更深刻的學習。

Scherto：那是否表示透過你的工作與寫作等等來關注被剝奪權利者和被壓迫者的道德，已經成為你在世界上的更大責任？為了支持那些被特定社會秩序禁語的人，你不斷地幫他們發聲，你的思維和生活習慣深深植根於你的部落根源，也許這是刻意和必然形成的，以便提醒你自己來承擔這種更大的責任。從這個意義上說，你選擇將自我嵌入到一個特定的敘說結構中，而不是被它所監禁，透過這樣做，你會在你內在深處承擔非常強烈的道德責任感。我們是否也可以說，因為你對被剝奪者有如此深刻的承諾，你帶著一個你希望世界在你身上看到的特定形象，即一個來自社群的真正「英雄」，卻被政治體系所「排除在外」（othered）？工人階級的英雄形像是否與你個人成就感有關，成為主流論述中生動的反敘說（counter-narrative）？

Ivor：我覺得它比這複雜得多。找到一個幸福、滿足、有成就感、自我接納和受到他人和世界接受的高峰，這有可能再次成為Janus其中一個面貌，因為每個人都希望某種幸福感，擁有來自世界上充足的資源和快樂，我也是一樣的。我的意思是，我有一個相當完善的家庭和個人關係，我的確有。也許就是這樣的滿足和實現導致了更廣泛使命去解構，所以，我個人很開心也很富足，我個人很好，人際和心理狀態都在穩定的狀況。所以個人而言，這件事已經達成而且塵埃落定，但這不是重點。關鍵是要到達那個階段，你會面臨著一個兩難的處境，我現在變得有權和富足，並加入了那個壓迫我原本社群的社會力量。我

想透過不斷地與我的祖先交談，來提醒自己貧困和剝奪是個無窮無盡的模式，我不希望自己個人的成就感侵蝕我更廣泛的使命感，這就是我所思索的。

我記得有一次你問我：「你爲什麼要堅持自己的這種形象？」這是非常明確的理由，我對此非常清楚，我已經超脫於我正在做的事情，我認爲沒有理由不這樣做，因爲這是我想要的道德地位。這就是我在世界上所說的話，這就是我要做的事情。

▍問題討論

在本章中，我們從生命學習計畫中有個一個發現，提出了關於個人敘說特性的模型。我們認爲這可以涵蓋不同類別的光譜，從過於外部的「腳本化」；到個人修飾和過於自我腳本；以及具有高度分析和反思性的。因此，個人敘說可能具有非常不同的特質，而「敘說品質」對於我們理解人性和能動性的敘事潛能至關重要。

這些問題爲我們提供了一個機會，可以根據我們在自身領域的經驗來回顧自己的理解：

- 你是否注意到自己進行的敘說和生命史訪談中有任何固定模式？這些故事的性別和階級屬性爲何？敘事是否屬於特定專業或職業？例如教師、藝術家等？你是否注意到這些不同群體的敘事中有任何特殊的性質？
- 所呈現的敘事強度有何意義？
- 敘事強度與行動過程輪廓（或學習軌跡）之間是什麼關係？
- 「封閉」敘事和允許「開放」文本之間有什麼區別？

我們認爲敘事是「封閉」還是「開放」的問題具有重要意義，當敘事

被封閉時，中心腳本似乎是預先決定的，因此在某種程度上影響了未來的行動。這個人尋求新的策略來繼續劇本，但敘事認同的變化很小，腳本敘事提供了一個關鍵的核心認同，並允許新策略在該腳本中運行。在實質蛻變時刻，一個腳本敘事可以換成另一個腳本敘事，例如一個「農民」轉而成為「工程師」，一個新認同被採納為完整成形的敘事認同，可以被外部社會定義所採用並被接受，因此，腳本敘說者可以採用新策略，並在某些轉換中採用新腳本。

在開放敘事中，在蛻變時期會有深思的變化。在敘說詳述（narrative elaboration）和情節設置中，這個人進行實踐，能夠靈活地應對新的蛻變。然而，過於開放觀點會導致持續的敘說詳述，卻不會有既定腳本和明確定義的行動方案。一些詳述會產生生涯或道德的目的感，而有些則不會。有些詳述本身幾乎已成為目的，其他詳述導致了一個堅定的生涯、精神或存在的企劃。

因為這種複雜性，使我們思考下面的問題：

• 敘事能力、反思和能動性之間的關係是什麼？

• 敘說詳述是一種入口、形式的必要前提或個人化的生命使命嗎？

坎特伯雷大主教Rowan Williams博士最近在《美好童年報告》（Good Childhood Report）的後記中提到：

事實是，當人類在沒有反思或仔細檢查的情況下表現出他們的個人情感時，他們很快就會變得無法與彼此生活。（Lyard & Dunn, 2009, Afterword，頁3）

▍延伸閱讀

Andrews, M. (1991). *Lifetimes of commitment*. Cambridge, UK: Cambridge University Press.

Brooks, P. (1984) *Reading for the plot: Design and intention in narrative*. Cambridge, MA, & London: Harvard University Press.

Bruner, J. (1986). *Actual minds, possible worlds*. Cambridge, MA: Harvard University Press.

Daiute, C., & Lightfoot, C. (Eds.). (2004). *Narrative analysis. Studying the development of individuals in society*. Thousand Oaks, CA: Sage.

Goodson, I. (Forthcoming). *Developing narrative theory*. London & New York: Routledge.

Sarup, M. (1996). *Identity, culture and the postmodern world*. Athens, GA: University of Georgia Press.

Wolcott, H. (1994). *Transforming qualitative research: Description, analysis and interpretation*. Thousand Oaks, CA: Sage.

◆ 第二篇

敘事作爲教育學

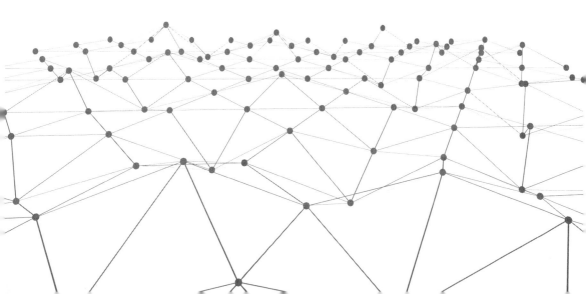

第五章
敘說交會的本質

鄧明宇譯

如果心理分析師使用相同的反思在其他情境裡，這時他不是一個治療者，而是遊戲的參與者時，會發生什麼事呢？他會失去原有的社會角色，遊戲的參與者總是想「看穿」其他參與者，他並不會認真對待他們，而是在運動中避開他所不想要的結果。相較於一般性的反思，心理分析師所宣稱的反思具有某種特殊的解放力量，這往往必須透過社會脈絡和意識來賦予邊界，而心理分析師（包括他的病人）和其他人都是平等的關係。這種詮釋性的反思教導我們：社會群體存在各種張力和崩解力，一次次地引導我們形成共識，以形成對它存在的社會理解。

——Hans-Georg Gadamer（1977），《哲學詮釋學》頁41-42

緒論

這本書的第二部分，要從生命史作品和敘事研究轉向檢視生命敘事作為發展性理解與學習過程的情境，這可以有系統地幫助聚焦在我們有興趣的主題，建立一個敘事教育學的理論。在這一章裡，我們把重點放在詮譯學視角如何深化敘事理解，這可以幫助我們從概念層次進一步檢視，第三、四章所談的對話交會的本質，它如何協助生命史研究產生轉化性理解。就像先前討論的，在某種程度上，生命史研究的過程裡創造一個預設的空間，透過解釋性對話和敘說交會，個體有機會「重新配置」（re-configure）他們自己對自我、他人和世界的理解。我們引用Gadamer、

Dewey和其他哲學家的觀念，來增加拓展這個過程，並使這種新理解可以有更多的發展。

■ 敘事理解——一種詮釋學的計畫

有人曾經主張，敘事理解（narrative understanding）是一種詮釋學的計畫（hermeneutical project），其核心是通過參與到敘說交會的過程，而使其具有蛻變的潛力。它的特別之處是「與世界對話（透過語言）」，這種對話引起並形塑了個體的意義和對不同人類經歷的理解。在這種對話交流中，說故事者的個性和特徵、他（她）的社會文化背景、歷史和意識形態的「視域」（horizon）以及他（她）所屬的社群等，都可能「支持或限縮」這些理解（Freeman, 2007）。

在《真理與方法》（Truth and Methods）這本書中（首次出版在1960年，但這裡參考的是1989年修訂版），Gadamer主張詮釋學取向有四種主要特質，Kolak & Thomson（2005，頁337-338）整理如下：首先，它適用於具有某種意向性的事物，甚至是與此相關衍生的事物，這意味著我們可以對社會實踐與人類經驗、文本、故事、繪畫進行解釋或詮釋，但不是原子、氣候模式或星系的詮釋。其次，這種解釋通常與適用於自然科學方法論的邏輯實證主義是不同的，解釋學的傳統是一種應用於社會科學的方法論，以便理解意圖性狀態和人類或社會行為的內容或意義。第三，解釋是整體的，因為意義是嵌入在被理解事物的概念和背景中，所以理解就必須了解意義間相互關聯的網絡。第四，解釋具有內在的歷史性，當人們尋求理解任何事物時，就必須運用相關的概念、思想和預設，因為它們是由其歷史傳統所構成的。

根據Gadamer的想法，理解開始於計畫（projection）。個人一旦認為

他們掌握了文本或故事中的初步意義，就會對我們所遇到的文本或敘事進行意義的計畫。正在閱讀文本或聽故事的人，會特別期望得到某種意義，這個初始的計畫是預先形成的，透過整個遭遇的過程，作者（敘述者）和讀者（聽者）都持續看透其意義，使前置計畫（fore projection）不斷地進行修改或重新配置。

Gadamer曾敘述如下：

計畫（project）的每一個版本都能夠在其自身產生新的計畫前，就具有意義計畫的能力；競爭的計畫可以同時出現，直到統整的意義出現才使它變得清晰，解釋被更合適的概念取代前概念（fore-conception）。這種不斷出現新計畫的過程構成了理解和解釋的時刻。（Gadamer, 1989，頁269）

在試圖理解時，聽者的現有理解與新興意義之間往往存在緊張關係，因為敘述者的緣故，使她「原本習慣的」和她「必須面對的」被區別開來。Gadamer認為，一般來說，個人會透過文本或敘述而產生如彈簧被拉縮的經歷之後，會想要嘗試解決這種緊張關係。當文本中的含義「與我們的預期不符」時，它使我們可以暫時停止去檢視，而允許我們以不同的方式參與其中（出處同上）。

Gadamer認為，當聽眾參與到其他人故事或文本的含義中，他們不可能「盲目地」堅持自己先前的意思和想法，聽眾不可能只接受他們想理解的。唯一要做的就是確保「我們對另一個人的意義保持開放」，但這種開放性「總是以與自身意義或我們自己有關的整體位置來放置另一個意義」（頁271）。根據Gadamer的說法，為了關注個人敘事中隱含的意義，並且為了實現理解（而不是誤解），提問的標準非常重要。通過這種方式，

詮釋學的任務「本身就成了對事物的提問，並且總是在某種程度上如此被定義」（出處同上，原文引用）。

理解涉及逢遇「相異」

對於我們來說，敘說交會包含這樣一種情況：當敘事者開始時，聽眾就會為故事做好準備，告訴她一些事情。這就是Gadamer所說的「對自己擁有的前意義與偏見產生先入為主的挪用」（出處同上），換句話說，理解所必需的條件是一種敏感性，和認識自己作為聽眾會有的偏見，沒有這種覺察，故事就難以呈現其他的面向，從而失去了理解的可能性。

歷史意識以及個人本體論計畫和世界觀對他們的理解都很重要，因此，根據Gadamer的觀點，詮釋學問題的真正重點是所有理解都涉及一些偏見。根據Gadamer的定義，偏見（prejudice）是「對可確定情況的所有因素進行最終檢視之前，就先作出的判斷」（頁273），他並沒有將偏見置於負面的看法之下，而是建議「我們可以從這裡開始」與其他人產生互動。Gadamer在《哲學詮釋學》這本書裡寫到：

因為偏見不可避免地會破壞真相，但它們並非是不正常和錯誤的。事實上，從我們存在的歷史性來看，偏見（就文字的意義來說）構成了我們整體經驗能力的最初導引。偏見形成某種偏向，影響了我們對世界的開放，當要經驗某些事物時，當我們的遭遇試圖對我們說什麼事時，它是我們僅能依靠的條件。（1977，頁9）

他指出，站在這樣的觀點裡，偏見並不一定會限制我們的自由，他指出「相反地（即使是最自由的情況），在不同面向上，所有的人類存在不是都有其限制和條件？」（頁277），他結論到「這就是為什麼個人的

偏見不僅是他自己的判斷，而構成了他存在的歷史現實。」（頁278）人們不必然意識到自己的偏見，然而爲了獲得理解，與不熟悉（即「相異」（the alien））相遇卻是其先決條件。也就是說，作爲人類，當我們被陌生感所引發時，理解就開始產生了。因此，解釋學的任務是要試圖解決未知經驗中的不一致。透過我們熟悉和共同的理解，每個人都有可能冒險進入未知和相異，從而拓展我們的視野和我們對世界的體驗。詮釋學循環（The hermeneutic circle）對於理解的看法，涉及部分與整體之間的相互作用，部分跟整體之從屬關係的和諧，構成了解釋學的理解。這是Gadamer所謂的「詮釋學規則」（hermeneutical rule），也就是「我們對於整體的理解，必須從細節與細節在整體之中的關聯來進行」（頁291），這也可以用下列的方法來描述：敘述者的文字構成了故事的總體脈絡，這個故事屬於敘述者言說的脈絡之下，而之後就屬於她世界的整體脈絡之下。這個意思是，故事作爲她生命經歷的人工製品和呈現，它也是屬於整個人的內心生活。透過這種方式，Gadamer得出結論，理解的詮釋學循環本質上不是形式的，也不是主觀的或客觀的。透過這種方式，

　　對意義的期望控制了我們的理解……這不是一種主體性行爲，而是來自將我們與傳統用共同性聯繫起來的效益……我們能夠生產……是來自於我們理解並參與它的進化，它進一步決定了我們的理解。（頁293）

理解作為視域融合（fusion of horizons）

　　Gadamer指出了人類思想的有限決定性，並指出個人自身視域範圍的擴展方式是透過理解。他使用視域（horizon）的概念來描述了這個觀點：

視域是指從特定優勢位置可以看到所有事物的視野範圍。將這個觀念應用到心靈思維時，我們談論的是視域的狹窄性、視域的可能擴張性、新視域的開放性等。（頁301）

因此，視域不是封閉的，它比較是「當我們移動時隨著我們移動的東西」（頁303）。Gadamer指出視域是在歷史性過往的脈絡裡，但我們會從一個人的位置來知覺它，包括從他（她）自己的過去、他（她）所居住的歷史和傳統裡，這就是視域的起源。Gadamer總結如下：

此刻並不是一個孤立的視域，它更是我們需要取得的許多歷史性視域，因此，沒有過去，就不能形成此刻的視域……理解總是這些被認為存在的視域所產生的融合。（頁305）

因此，在生命史研究對話的情況下，理解涉及不同個體偏見（包括敘述者和訪談者）之間的緊張關係，想像對方情況是非常必要的，以便了解他（或她）和他們的故事。換句話說，在對話或敘事交換時，聽者試著去發現對方的觀點和視域，這反過來需要聽者能夠充分了解他／她自己的立場和視域，發現他人的視野是通過「換位」（transposing）到另一個人的立場，這不僅僅是藉由同理（empathy）或藉由隸屬關係（subordination），它也不僅是自我關聯（self-relatedness）或感謝和尊重對方，實際上這兩者都是。最終，當聽者繼續在對方那遭遇到新事物時，就會融入「某些生活價值」（出處同上）。

敘說交會的本質

根據我們對Gadamer在哲學詮釋學的回顧，有四個主要相聯的面向，

可以協助我們理解交會（encounter）的本質[1]：

1. 交會需要專注他人與相異處

2. 交會開展了關於他人的新事物，也包含了自己當中「相異」或「陌生」的部分

3. 交會是鑲嵌在社會和歷史傳統的相互作用中

4. 交會涉及語言的差異，即不同的表達方式在實現視域融合具有不同角色。

新事物的交會是增進理解和創造意義的機會，這是因爲對話者（在生命史研究的脈絡下，對話者是研究者和參與者；在教育的脈絡下，對話者是促進者／教育者和學習者）持續地參與在事件、故事和人們行動的陳述中。有無數的動作、轉變、矛盾、預期、限制、驚喜、意義的細微差別等等，它們激發了對話交流的動力，並賦予它能夠不斷顯露的特徵。因此，交會是一種相互作用，它預先假定了先前的假設、歸因、能力等脈絡。要進入交會的空間，需要警惕參與者，同時包括訪談者和受訪者或教育者和學習者，不是把自己放入嚴格的觀察者或客觀分析者的角色裡。它需要專注在他人和相異，在對話交會中，對話者也必須作爲平等的伙伴，充分地在場並互相進行交流。

在哲學詮釋學中所談到的交會可以透過兩種方式促進學習：對於這個人試圖理解的東西，提供一些相關的新東西（Gadamer稱之爲「相異」）；與此同時，人們透過參與這次交會而開展出新的部分。透過同時談關於這個人和向人「敍說」有關他們努力和生活目標的事，以前未被檢視的偏見和刻板印象、未被解釋和未經對話的意義、或者是可能的新見解，可能因此逐漸被展現出。這種展開可能令人驚訝、令人不安、具有挑

1　有關該主題更詳盡的討論，請參閱Hogan（2000）。

戰性或具有啟發性。

在任何情況下，使用敘事取向應用於意義創造和學習，不僅可以視為加強吾人掌握新故事或生活經歷的新解釋，而且還可以發展對自我、脈絡、他人關係以及更廣闊世界的新理解：因此生命的方向和使命可以被鞏固。這種新的理解或新觀點是「第三聲音」，是視界融合的結果，是對話協作的聲音。根據Myerhoff（1992）的看法，這是兩個看法或兩個觀點匯合在一起來審視一個生命、一個敘事。第三種聲音是源於傾聽關係（listening relationship）（我們將在第七章中再來談這點）。在生命史研究中，第三聲音可以由研究者和參與者共同在文本中開發；在教育敘說分享時，這可能是讓新的理解被導出或新的行動方案被確定。這裡的對話者同時是聽者和敘述者，Myerhoff將第三聲音的概念擴展到第三個人——見證了一個人的自我轉變。

在敘說交會裡，需要被討論和探討的是更大的社會作用和歷史流動，對其認識有助於我們在參與交會的各種可能性。根據Gadamer的觀點，任何傳統的真正含義，或者更確切地說是傳統的任何特定體現，都在於它向對話夥伴提出某種不熟悉的真理主張。透過這種方式，交會主要不是對事件進行傳輸和確認，最主要它是「孕育理解、對抗、誤解、變革等可能性的交互作用」（Hogan, 2000）。

正如我們之前的討論，真正的遭遇涉及「視域融合」，一方面的視域是理解這個人帶到交會裡來的她，另一方面的視域是在交會裡從她身上被強調的某種傳統。「融合」並非融化在一起，使得所有的緊張都得到休息，而是來回關注這個人與異己之處，這是一種相互作用，使得緊張可以被揭開，並突顯出來而不是被掩蓋。

在這種相互作用中，傳統的特定體現，例如：社會、歷史、科學、文學或宗教等，都被引起積極的接合，但這種接合與其預設也可以受到這個

人的質疑和再質疑。透過這種方式，他／她成為一個更流暢、更有洞察力的參與者，與對任何事物採取「專家」或「權威」的角色不同。「融合」本身就是一種積極尋求更具包容性和自我批判性的理解。

　　人們對世界的表達和理解，主要是使用和透過語言來進行。Gadamer將語言描述為一種載體，作為兩個人之間進行實質性的理解和協議。語言是對話的關鍵，也是交會中進行自我理解的關鍵。Gadamer寫到：

　　在彼此交談時，我們不斷地進入他人的思想世界，我們涉入到他，他也涉入到我們。最初步的方式是我們以自身來看待對方，直到透過給出和接受的遊戲開始（也就是真實對話）。不可否認的是，在這種實際的對話中，會出現意外、偏好和驚喜這些性質，但最終透過浮出或突顯等的特徵存在，而且對話的突顯肯定不會使我們失去自我擁有，或失去自我，而是使我們自我更為豐富，從而意識到自己。（1977，頁50）

　　根據Gadamer的觀點，使用自己語言來說話就是「對話參與者就像非正式學徒關係，在這種情況下，流暢表達和詞彙轉變的能力與某些觀點和信念（而非其他的部分）密不可分。」（Hogan, 2000）人總是被我們所擁有的語言所包圍，事實上，「還包括在我們對自己和對世界的所有認識當中。」（Gadamer, 1977，頁62）。這延續了Wittgenstein的觀點，即語言不應被當作是一套需被精熟的工具，而是可被我們隨心所用的，語言具有某種積極的特性，可以塑造我們的思考和行為，特別是當我們在敘說時。事實證明，歷史的影響滲透到語言及其用法，就像它們影響個體的意識或理性一樣徹底。當一個對話夥伴遭遇到的是一個完整的思維系統，與他／她完整不同的歷史就會產生新的學習機會。此外，語言條件決定了人類的經驗，塑造了理解和學習的整體傳承。我們的語言決定了我們的思想

和表達，同時也囚禁了我們，而在語言中遭遇不同的表達方式，開闢了渠道讓我們拓展視域。

從閱讀Gadamer開始，Crapanzano（1990）認為敘事過程中有很多種交會，「我們如何回應它們取決於我們自己對交會意義的假設，也包括語言意義與理解本質的假設。」（頁274）根據Crapanzano的說法，對話（dialogue）這個字源自於希臘語的dialogos，意思是透過兩個人之間的對話或思想並進行溝通，它是同時發生經過和分離的過程。Crapanzano認為，對話和對立都存在轉化作用，敘說交會是一個透過對話創造新理解的過程，「他們也相隔甚遠，但當他們從會話開始時，他們可以透過各種不同的方式。」（Tetlock, 1983, Crapanzano（1999）引用，頁270），在對話中理解每個人帶來的視域差異。

總之，敘說交會也是與自己的過去、生活經歷、假設、價值觀和意義方向的面質（Mezirow, 1990），「對話者網絡」（web of interlocutors）的文化和社群為我們的認同做出了貢獻（Taylor, 1989），也為我們的信念和理由做出貢獻，用以支撐我們如何過自己生活所做出的決定。

三 敘說交會中的情緒

敘說交會涉及人們在許多層面與別人相遇並相互經驗，這些相互交織的層面包括社會關係、私人關係、心理、情感、身體和精神方面，它也發生在個人傾向、信仰、價值觀、目標、承諾和志向的層面。在理解敘事研究時，這種全人觀點（whole-person aspect）往往被忽視，而通常只被認為是一種「認知」活動。敘事研究既依據事件的社會歷史脈絡，又依據個人對事件和經驗的主觀意義描述，大多數生命史計畫都是以這種方式進行的。

如果對話者／協同者在參與敘說交會的過程不是採用全人觀點，那麼敘事和生命史的工作可能存在限制，換句話說，雙方在參與敘事過程中，必須考量他們的情感、直覺、思想、認知能力和性情等，以認識他們是誰（包含現在、過去和未來的他們）。這可能類似於Carl Rogers以人本取向的諮商所描述的那種關係。

在這個有限的空間中，敘說交會有三個方面需要被考慮：理性與情感的關係；情感在敘說交會中的作用；在敘事過程中把對方作為全人而相遇。

理性與情感

本章前面的討論似乎是根據一個理性分析的框架，採用解釋取向來看待敘事。然而，人們越來越能接受認知與情感是有關聯，相關的文獻也持續增加，並承認情感是人類各種經驗背後的驅動力（Lazarus, 1991; Damasio, 1995）。

事實上，長期以來理性被當作是情感的對立面，在人性中情緒被認為是一種非理性的力量。然而，在二十世紀，像John Macmurray（1961）這樣的哲學家、Antonio Damasio（1995）等神經學家們以及John Heron（1992）和Daniel Goleman（1995）等心理學家們，開始主張深層情感與人類理性有關，情感是每個人知覺現實、意義和人格的最核心的部分。

Macmurray在他的著作《理性與情感》（Reason and Emotion）一書中的開頭提到：「任何探究都必須有動機，否則根本無法進行，而所有的動機都屬於我們的情感生活。」（1961，頁3）。他認為在傳統觀點上，理性和情感之間的分離，理性作為「一種冷漠、超脫和無情緒的心智狀態」，而情感則屬於另一個世界，它是「更加豐富多彩、更充滿溫暖和喜悅，但也更多危險的」，這是一種錯誤的二分法。這是因為理性不僅僅是

純粹的智性，在下面的引文中，Macmurray總結了他論點的要義，即情緒推理是使我們成爲人類的原因，他寫到：

> 理性的能力使我們成爲人類，在某種程度上理性並不能歸爲智力的一種能力，雖然它在我們思考時的某些面向表現出來，但它不是我們思考的力量。它必須在我們的情感生活中表達自己，對於人類而言……理性透過客觀性與對現實的對照和符應，在情感中表現它自身。情感生活中的理性決定了我們的行爲，它根據的是我們生活世界的眞實價值……事實上，人性在其具體生活中的發展，就是情感理性的發展。（Macmurray, 1961，頁49）

Macmurray指出，拒絕情感的純粹智力不能成爲行動的來源，因爲它也拒絕了創造力，「這是屬於人格整體上的一種特徵，以整體來運作，而不是分開獨立行運行的。」（出處同上，頁45）。綜上而言，以全人來教育一個人是讓其發展敏感度和情感性。正如Macmurray所說，對我們周圍世界的認識意味著「對世界眞正價值的直接情感體驗，我們的行爲舉止都表現得自由而不越矩，就是具備了理性印記才能做得到。」（出處同上）。

這一觀點得到了Damasio（1995）的支持，他解釋說，情緒和理性在大腦中是相互聯繫和相互依賴的。Damasio描述到，在西方傳統的理性中，情感被分配了一個尷尬、不合宜的角色，我們習慣把「理性當作英雄」，而被情感所攻擊，就像希臘中的眾神般。情緒被認爲與思考和推理不是同一國，因此，教育和學校教育通常會以犧牲情緒爲代價來強調智力。

Macmurray的結論與傳統觀念相反，他認爲情感生活不是智力生活

的從屬或輔助；相反，它是「人類生活的核心和本質」（出處同上，頁
75）。智性和理性可以從情感中找到根源，從中吸取營養和養分。情感生
活在促使整個人的蓬勃發展是有影響力的，因為人類是依據並透過情感生
活來發展他們個性的完整性（包括個人和社會兩個面向）。換句話說，情
緒在人類生命經驗中具有凝聚作用。

　　在20世紀後期，人們逐漸接受並嘗試「向情緒學習」這個的概念。因
此，對於作家和評論家來說，從教育的觀點來理解情感，並且如何處理
情感和情緒，這些議題變得有趣。一些作者，如Daniel Goleman和Howard
Gardner，承認情感是人類生活當中不可或缺「核心素養」，它是道德陶
冶和理性思考的基石（Goleman, 1995; Bar-On & Parker, 2000）。

敘說交會中的情緒

　　情緒在敘說交會過程中扮演著不可或缺的基本角色。它是我們「對敘
事進行反應或與敘事相互作用的主要特徵」（Pence, 2004，頁273）。長
期以來人們一直認為，敘說交會中存在著雙重的解釋過程，也就是對故事
的解釋和對敘說行動的解釋（Ricoeur, 1992）。同時，解釋既可以是分析
性的，也可以是反思性的，並且可以透過情緒和情感來驅動，並且具有使
人具有改變的潛能。

Deslandes（2004）支持這個觀點並寫道：

　　承認情感具有建設性的功能，以作為理解世界的手段，就是認同情緒
具有掌握感官經驗的實徵訊息之能力（頁339）。

　　深入到敘說交會和詮釋學循環的過程中就是我們的情感經驗，它會引
發共鳴和進一步的情感體驗。Deslandes（2004）認為情緒是框架重要弦

外之意（implication）的必要組成部分，有助於我們進行決策。借鑒Hume（休謨）的著作，他認為情緒在敘事過程中具有兩個特徵：一方面，情感是個體的，另一方面，情感是在人與人之間傳遞的「跨主體的實體」（trans-subjective entities）（出處同上，頁359）。

人們講述他們生命的故事通常包含某些情感成分，這些成分激勵他們在前進的旅程裡追尋特定的道路。這些情感因素成為敘述故事的驅動力。作為說故事者，我們傾向於關注引發我們某種情緒反應的經歷，這也激勵我們通過敘事來讓事件變得有意義。因此，敘述者的解釋不僅限於理性和分析性的反思，而是受到情緒框架形成的理解。與此同時，讀者／聽眾在敘述者的情緒中找到了共鳴，並被提示對敘述進行進一步的解釋。

這意味著在敘說交會中，敘說者講述中的情感以及在聽眾中發現共鳴的情感都是動機因素，這為解釋、意義創造和新行動創造了機會。

在敘說過程中以全人方式與彼此交會

如前所述，在敘說交會中，合作者（說者和聽眾者）也會在認同層面上相見，這種遭遇可能帶來蛻變的力量。

Heinze（2009，頁275）聲稱人類個性不僅僅受到情感（情緒）的形塑，情感還是非常重要的條件。換句話說，人類的核心就是情感，除了他們的道德和品格反應之外，人們在世界如何行為和反應本質上受到情緒影響的。Rosfort和Stanghellini（2009）提到：

漠視人類經驗和行動的情感面向是錯誤的，因為我們忽略了使我們成為人類的東西，亦即我們被周圍事物所感動所表達出的精煉情感。（頁283）

然而，我們人類不僅僅是我們的情感，因我們的敘事和對敘事的解釋總是鑲嵌在特定的社會文化和歷史背景中，以及鑲嵌在與那些傾聽／回應我們故事之人的關係中。這就是Rosfort & Stanghellini（出處同上）所說的「存有」（being，即德文Sein）和「存有之象」（appearing-to-be，即Schein）之間隱微的辯證關係。實際上，人格的構成是由我們存在世界中的方式，以及我們在特定脈絡中如何把他人和我們聯繫在一起。甚至，不同文化中的故事也以不同方式來描繪和激發情感（Hogan, 2003）。人類對周圍世界的情感反應方式可能因文化差異下不同社會和歷史的背景而異，因此，我們對故事中情緒的敏感性和驅動故事與我們對故事解釋的情緒，可能成為理解人類經歷和生命史的關鍵部分。

在親密的敘事交流環境中，合作者通常可以發展出共享的深層情感理解，透過情感的自我揭露和傳記資料，這種理解可以帶入他們自己的聲音和語言。這也可能是身分認同層面的遭遇，發展協作和敘事關係的意願越高，合作者就越願意讓彼此沉浸在另一個人的情感世界中，這可能會導向更具同理方式的再敘說經驗。

Riessman（2005）認為，人類對「善與正義」的思考中，「負面」和「矛盾」的情緒可以發揮重要作用。Riessman曾對印度南部進行某個研究，之後她進行研究倫理反思時發現，不同地區的情緒可能是種明示和警示的符號，這個發現深深啟發了她、其他研究人員和參與者。

在下一章中我們將繼續討論，敘說協作（narrative collaboration）如何進行建立、構建和談判，這種關係過程的基礎和發現為何。

三　敘說交會的階段

我們已經從解釋學的角度來探討敘說交會的本質，同時審視情感和全

人觀點在參與交會時的作用，我們希望繼續重新審視生命史研究的過程，並嘗試從敘說交會的階段來獲得一些見解。

以下內容是被認為與生命史研究相關的大致階段（Goodson, 2006）：

1. 敘述（Narration）——準備分享個人生活中的生命敘事。Gill（2007b）認為，故事的分享可以使用創造性的方法，例如圖畫、符號象徵、文章、詩歌、海報等，尤其是在群體環境中分享時，例如在研究進行的焦點團體特別實用。

2. 協作（Collaboration）——在初始共享之後，研究人員和參與者檢查草稿，並提供和接收彼此的反饋。這是一個協作過程，其中針對故事中意義提出問題和挑戰，以便更好地理解之前所述的生命經驗。

3. 定位（Location）——對敘述中意義的協作閱讀和理解過程，可以與協作解釋和分析的過程相結合，在更廣泛的歷史時間和政治背景下，個人故事可以得到更好的定位，甚至形成某種社會和文化實踐。通常，個人故事之間的聯結可以形成更大集體經驗的圖象。

Goodson（2006）認為，經歷這三個階段（敘述、協作和定位）是很重要的事，以便得出一個人的完整生命史陳述，從當中可以讓人們在脈絡中更全面了解這個人和他／她的生命。Gill（2007b）在研究教師撰寫學習歷程傳記時，進一步把「定位」（Location）的概念作了延伸（更多內容見第八章），他主張作為了形成分析和解釋的結果，這些教師在這個過程中經歷了兩個延伸的階段，包括批判性的自我反思以及引導閱讀和討論相關文獻。這兩個階段是：第四階段「理論化」（theorisation）和第五階段「導向」（direction）。理論化允許教師從概念的角度理解學習是什麼，以及學習如何在個人的生活中發生；導向則是發生在前四個階段之後，當

教師有認定的實踐議題或主題時，他們將同時作為研究者和教師兩種身分進行探究。本書的第二部分即在詳細闡述敍說交會中這些可能的階段。

關係是敍說交會的關鍵

上述五階段的敍說交會中，敍說合作者之間的關係是其最重要的部分。自我理解可能來自於與合作者或「理解者」的互動中獲得的理解。從此來說，敍事無法脫離理解者的社群。在敍事和生命史研究中，這可能是研究者和她的參與者之間的關係；在其他種敍說交會中，合作者在敍事企圖中則是平等的夥伴。

改變的可能性在於創造空間，在這些空間中，合作者能夠思考他們認同的轉變和敍事的轉變。對話和故事一直在不斷發生著，參與者的情感和動機經驗所帶來的每個詮釋學／解釋循環，將反過來重新構建他們所講述的經驗與其中所包含的意義理解。因此，關係是敍說交會的樞紐因素，意義的浮現是人們處在社會、歷史特別是對話環境中（Riessman, 2005）。

對話環境的特點是敍述者與他／她的聽者（敍述合作者）之間的互惠關係。所有的敍述（甚至是個人內部的對話）都有目標的聽眾（Koschmann, 1999）。他人和「相異」（alien）會出現在所有敍事或故事中，也包括在作為觀眾或與談者的能力中，文字是一個雙向的行動，它的意義相等地受由誰說之話和受誰詮釋之意來決定。作為言語，它恰恰是說者與聽者、講者和受眾之間互惠關係下的產物（Gadamer, 1977; Voloshinov, 1973）。

Carl Rogers（1951）將互惠關係（reciprocal relationship）定義為包含：同理理解、無條件積極關懷、真誠（真實性或一致性）、非指導性和批判性思維。這種「以人為本」的人際關係已被教育、諮商和其他領域所採用，作為學習的促進因素。其目標是在尊重他人作為全人以使他能：

採取自我啟動的行動……能夠智慧的選擇和自我指導……成爲批判的學習者……獲得了知識……能彈性適應……自由和創造性的利用所有相關經驗……有效合作……和工作……以成就他們自己的社會性目標。（Rogers, 1951，頁387-388）

Rogers（1969）寫道上述全人關係中的「某些態度性質」可以「結果」（yield）出有意義的學習。第一個性質是彼此之間的眞誠（在典型的生命史研究情境中，它是參與者對研究人員的信任；在學習環情境中，它是學習者對促進者的信任）。接下來是建立一個環境或空間，讓人們感受到彼此的接納和同理的氛圍。Rogers（1969）認爲，這種接受的氣氛是一種「非佔有欲的關懷」和「對進行表達的基本相信以及人類能力的信任」（頁109）。同理心是「站在對方鞋子裡的態度」，透過對方的眼睛看世界（頁112）。

敘說協作者之間的互惠關係不會將一個人置於另一個人之上；相反，他們會促進彼此的互相敘述反思。上面討論的性質可以通過多種方式引起重大的理解和轉變。例如，這樣的關係可能使原本固定的敘述（即封閉和反覆出現，就如我們在第四章中給出的例子），「我曾經是……因此我現在是……」，在交會中進一步發展（這是一個持續和允許轉變過程），轉變爲「我曾經是……因此我現在是……未來我可能是」，這是公開、回顧性的，也是前瞻性的。

挑戰和面質並沒有否定互惠關係中的這些性質。相反，沒有外部的判斷，敘述者反而更能夠在他／她自己的敘述和解釋中看到緊張和衝突。在個人敘事中實現轉化性質的關鍵是敘說交會的過程，而過程則是由對話環境和遭遇發生的關係決定的。

四　互惠教育學（reciprocal pedagogy）── 敍事的交換

　　雖然前述的討論都是生命史研究脈絡中，但在本章中，我們逐漸將教育和學習過程納入我們關於敍說交會的討論中。這是因爲我們相信在敍說過程中形成的那種理解和轉變是人類學習的一部分，它使我們能夠把敍事當作研究數據，轉變當作爲研究過程，再到將敍事視爲教育遭遇和學習的所在。正如前面所指出的，學習不是傳遞認知的能力和內容，相反地，它是往復對話交會的相互作用，其重點是增強理解自己、他人和一個人在世界中的位置，而產生更符合一個人價值、信仰和世界觀的行動方案。

　　這種學習和教育學的概念意味著對教育和研究中的關係進行徹底的重新審視，特別是教育者和研究者的角色。Plummer（2001）主張在進行敍事和生活命史研究時，應採取基進和解放的政治行動。他提到：

　　　研究者應該選邊站，我們應該探究那些對研究人員具有意義的傳記性經驗；應該關注關鍵的轉折性經驗；應該揭示和展示眞實、正確和確實的理論；應該使感情和情感的語言優於理性和科學的語言；應該從多元論述的角度來檢視，以編寫多聲複音（polyphonic）的文本，其中包括研究人員自己的經驗。（頁13）

　　Plummer將此視爲「一種新的熱情承諾，對人類和社會科學中自我反思與道德、政治計畫」（頁14）。這確實是Plummer所說的「批判性人文主義」（critical humanism），他總結說它必須有五個組成部分：

1. 向人類的主觀性和創造力致敬：展示個人如何回應社會束縛，並能積極面對社會世界。

2. 處理具體的人類經歷：包括談話、感受與行動，透過社會和經濟組織來處理他們的經驗，而不僅僅是透過他們的內在、心理或生物結構。

3. 對經驗表現出對某種自然主義的「親密熟悉」（intimate familiarity）：透過密切參與而排除不具溫度的抽象性，社會學家必須有一種自我意識，即他們具有終極的道德和政治角色，以走向一種沒有剝削、壓迫和不公正的社會結構，以使人們有更多創造力與多樣性的生活。

4. 在關懷倫理（認可、寬容、尊重與愛）和正義倫理（再分配與平等）找到一個平衡點。

5. 支持一種草根而務實經驗主義的認識論，它認真地認識到——知識總是有限的和局部的，而應該以經驗為基礎。

在本書中試圖提出的敘說學習和敘事教學的願景，肯定受到Plummer的批判人文主義所支持。

因此，總而言之，Gadamer關於哲學詮釋學的著作指出，敘說交會更多地是體驗新事物，而不僅僅是認知內容和「價值」的傳遞。遇到新事物不僅限於對他人的陌生感，也包括對我們自己新的和以前未知的部分。對話交會強調語言的重要性，同時也包括內嵌於語言當中我們所說與所思的傳統與發聲，因為我們是透過這些來經驗我們的世界。Gadamer關於「我們即對話」（the dialogue that we are）的概念表明，對話性交會是敘事教育學的本質。

Dewey的文章進一步支持了我們的看法，即關係是建立信任對話環境的關鍵。根據Dewey（1916）的觀點，對話性交會的目的是為了塑造彼此的共有，而不是對相異害怕，在克服孤立之後，可以創造情感親密和群體共識的經驗，它實現了人類最滿意的樂趣（Waks, 2010）。延續Dewey的

觀點，我們認爲這種遭遇可以讓個人形成強烈的友誼，透過這種相遇，社群就會形成。它透過情感親密的方式發揮作用，產生共享的經驗和強大的共同願景，打破所有的社會隔離。強烈的友誼透過對話交會來表達自己，而交會反過來又加強了強烈的友誼。傾聽是深刻的關注，而傾聽就是用愛來聽。

▌問題討論

在本章中，我們首先考察了Gadamer的哲學詮釋學，並使用他的觀點作爲解釋框架，來理解敘說過程中對話交會的本質。透過這樣的方式，我們強調了詮釋學解釋的四個主要組成部分，這些部分與我們在本書中的努力相關：對他人保持開放性，包括內在異己的部分；在交會時，關注敘事中「相異」或新內容的重要性；意識到社會、文化和歷史傳統的相互作用，這些傳統創造了新的理解和學習的可能性；最後，我們被生活的語言世界所圍繞，並找到如何面對的方式。

我們也發現情緒在敘說交會中起著典型的作用，親近的關係對於細心聆聽和形成學習社群是必要的。我們的結論是，敘述（narrating）、傾聽（listening）、交會（encountering）和友誼（friendship）是敘事教育學與學習的基石。對個體的培養是一條重要的途徑，以使吾人具有深層理解自身和他人價值，這是使人類興盛的基礎。

進一步思考的問題如下：

1. 作爲敘說協作者，我們如何在敘事交流中處理異己的部分？
2. 如果對我們自己偏見的覺察可以成爲視域融合的基礎，那麼我們可以採用何種方式進行提問，以培養這種積極的意識？
3. 敘說協作者如何能使無數的故事和情節變得更有意義，來發展出前

述所謂的第三聲音？

4. 如果敘說過程的關鍵是互惠的人際關係，那麼發展這些關係的基本
規則是什麼？例如，權力差異的問題要如何處理？是否有希望建立
平等主義的關係（儘管是每個人所處的位置是有差異的）？

▍延伸閱讀

Dewey, J. (1920). *Philosophy of reconstruction.* London: University of London
Press.

Gadamer, G. (1977). *Philosophical hermeneutics.* David E. Linge (Ed. and
Trans.). Berkeley, CA: University of California Press.

Goleman, D. (2007). *Social intelligence: The new science of human
relationships.* New York: Random House.

Grondin, J. (1994). *Introduction to philosophical hermeneutics.* New Haven, CT:
Yale University Press.

Myerhoff, B., Kaminsky, M., & Weiss, M. (2007). *Stories as equipment for
living: Last talks and tales of Barbara Myerhoff.* Ann Arbor, MI: University
of Michigan Press.

Rogers, C. (1961). *On becoming a person. A therapist's view of psychotherapy*,
Boston, MA: Houghton Mifflin.

第六章
敘說交會：人類能動性和社會行動

鄧明宇譯

> 我們不會停止探索
>
> 一切探索的終點
>
> 將會是我們的起點
>
> 並以初次再認此處。
>
> ——T. S. Eliot〈小吉丁〉（Little Gidding）

緒論

正如我們在第一章中所談到的，敘事是人類固有的一種方式，用於構建和傳達意義，並成為人們對經驗和願望表達的視域。敘事可以被視為在廣泛社會、文化和歷史脈絡下闡明事件、行動和能動性（agency）的論述；生命歷史通常是具有時間元素的事件和行為的敘述，按時間順序和社會角色來講述；所有敘事都需要聽眾，即是他／她自己內部對話的敘述者；最終，所有的生命故事都有其意義，或由敘述者對其賦予意義的解釋，有些人可能會說這就是故事的寓意。

生命敘事有多種形式、體裁和風格，有不同的來源和起源，被用於不同的學科和取向上。它們可以是自傳／傳記、雜誌、日記、人物信函、研究訪談、攝影雜誌、電視紀錄片、訃告、簡歷，近來則包括個人網站、網路上的社交網站、部落格、Facebook、Twitter和視頻網記，或其他採用技術輔助媒材的視覺故事。

在本章中，我們重新審視了生命敘事的定義，並進一步思考了關於敘事與自我之間關係的問題。本章開始我們要面對那個煩人的問題──人們在他們的敘事中尋求並呈現的是一個所謂的核心自我嗎？這個問題將有助於我們解讀Pierre Bourdieu對敘事研究中傳記幻像（biographical illusion）的關注。它引導我們研究以下的問題：生活敘事通常採用什麼形式？敘事是否具有嵌入式的結構？個人和群體敘述他們生活的方式如何影響他們在世界上的行為方式？特別是，我們將在這個過程中審視人類敘事中個人和社會的性質，並再次強調第五章中提出的觀點，即敘說交會有助於塑造人們講述的故事，以及他們之後採取的行動。因此，生命敘事不是結果而是過程。

本章的結尾我們以一個案例來說明，生命史和敘事研究有可能改變個人能動性與社區內的社會行為，並導引了他們本身的生活價值觀和目的。

一 敘事與自我性

有個惱人的問題及其衍生疑問是：生命敘事所帶出的是「真正」的自我嗎？是否存在「核心認同」（core identity）和「基本自我」（essential self）之類的東西？是否有可能不透過生命敘說就擁有某種認同？我們充分意識到這些問題需要哲學處理，這是本書無法完全處理的，然而，我們將儘量從我們的閱讀、理解和經驗中嘗試解決這些問題，對敘事認同的概念我們在第一章中已進行廣泛的回顧，包括後現代主義觀點。

我們邀請了察爾斯（Charles）談論他的生命，這是他首次完整對我們提到這個議題，下面的摘錄提供了原始的版本。察爾斯是一名成人教育家，和我們晤談時他44歲，他的表達清晰，在生命敘事中能表明對個人之意義。在講述中他似乎採用某種策略：介紹他個人背景（包括家庭）作為

場景；依時間序來介紹他的生命，即從童年關鍵時刻的敘述開始，後續包括學校經驗和重要（包括創傷）事件、學院或大學學習階段、回憶他20和30多歲的工作狀況和人際關係、直到最近發生的事件。在下面的節錄中，我們特別保留察爾斯較長的陳述。

Scherto：正如我們所解釋的那樣，我們對人們如何理解自己並相應地過自己的生活感興趣。所以你可以放心地告訴我們你自己，你可以決定你想告訴我什麼，我們可能會稍後提出一些問題，並且會一起進行對話。

察爾斯：我認爲這是關於一個人如何理解自己的生活。爲了理解我的生活，我想也許可以這樣，我會提到一些事當背景，好來作爲其他事情的脈絡。首先，我對自己的生命感到非常豐富，事實上，我的人生過著某種（或多重）生活，我猜想也許每個人都是如此，對我來確實是這樣，但人們也許可以在我的生命中找到有些不同的部分，他們可能對此會有不同的想法。我常遇見這樣的提問：「你有這麼多不同的生活」，我必須同意，你知道，這是眞的。另外我一生的動機一直是關於理解我，即我是誰，而且這一點優先於其他所有事情，並且總是透過反思來實現。因此，我會談到我生命中的重要事情，那些在我生命中突然出現的事件，常是那些存在一些非常、非常基本問題、差異或矛盾的事件，這些事件往往導致某種更大理解或某種學習，而我的確學到了某些事。因此，雖然有許多美麗或醜陋的意外事件，但對我來說最重要的是那些我生命中曾經遭受過重大的矛盾時期，直到現在仍營繞在我心頭。我不知道家庭背景是否有作用，但我出生在倫敦南部，早產兩個月。我有一個雙胞胎兄弟，是同卵雙胞胎兄弟，這很棒。在成長過程裡，我總是有一個同伴，總是有別人在那裡。在60年代，你經常會經驗到你和雙胞胎兄弟被視爲同一個人，但幸運的是，

我的媽媽非常堅定，我們總是分到不同的班級，並穿著不同的衣服，所以這是克服這個問題的一種方式。我有一個哥哥和姊姊，另外一個弟弟在我兩歲時去世了，我對他只有模糊的印象和回憶，但我記得更多的是當時家庭中的變故和創傷。他患有先天性心臟病。當你住在倫敦南部的一個郊區時，我想這裡的生活還可以，這裡有大量的自由，我認為人們現在在倫敦並沒有那麼多的自由，所以我的生活裡有著非常非常強大的想像力。我記得的事情是仰躺在花園裡，看著蚊子在我頭上縈繞徘徊，事件像某種奇怪的夢和過程，某種非常、非常強大而富有想像力的生活就像是實際發生的。這實際上是來自我和我兄弟的部分，我們習慣了這樣的生活，媽媽告訴我們，我們兄弟小時候常常在睡夢中進行對話。這聽起來很奇怪，但我記得有一件事，我們倆坐在床上跟房間裡某種東西在說話，這種存在體似乎具有某種智慧。我並不完全明白，但我很喜歡這樣，這對我們來說非常真實。誠實來說，這並不是信口開河，我認為直到11歲時，我的童年都充滿了很多幻想和想像力。很幸運的是，我們可以透過藝術、音樂這些東西，來進行表達。然後我的母親，是我的母親而不是父親，我的父親是截然不同的人，我的母親非常鼓勵一些創造性的表達，你知道，她讓我們有學習樂器的機會，花園裡總是到處都是許多的塗料和紙張，你知道，我們的創造性表達像脫韁的野馬可以自由發揮，可以有許多的冒險。我們家的路走到盡頭有條小小的河，但它是泰晤士河的支流，具體來說，它像是瓶子中的幾滴水，但我們曾經想像這會流向大海，最終我們可以順流而下，你知道，我們這些孩子真的都相信，如果我們順著這條小流，我們就會到大海，大海對我們而言是一個神奇的地方。為此我們花了幾個小時去探險……我認為在那些童年時光，你可以超越自己現有的道路去探索，像每個人都有自行車，這帶來了巨大

的自由和可能性和視野。童年是個美好的時刻，學校生活我覺得還好，小學當然也沒有太多問題……

在這段摘錄中，訪談者沒有預先作任何提示，察爾斯認為他生命中的一個動機就是自我理解，他已經從自我反思角度來思考他的生命。他認為自己的生命是「特別」、「豐富」和「多重」，到後來我們更可以清楚理解他為何如此說，當他分別了：他的工作視為教育者和治療師；他的智性生活是作為博士後研究員；他的靈性生活是作為一個佛教徒並追求精神修行；他生活中的性與關係是擁有家庭和友情等等。然而，他相信透過敘說的過程能夠使這些相關的面向產生意義（在其他敘事的部分他也一直設法如此進行），並找到一種方法將各種線索拼湊成有意義的織品，當中是可以顯示出之間的因果關係和關聯，每一個部分都有助他建立作為一個人的整體畫面。

用生命故事來表達我們是誰，這與個人形成自我意識有關，也可能與正在興起的懺悔的自白文化相結合。有些對傳記作品的批評傾向認為，被敘說的生命故事有可能變成自戀的個人描述，某些人會透過生命故事刻意來創造和呈現他們。Plummer（2001）指出，當前使用個人故事的趨勢有將敘事轉成某種商品化的危險，包括自我行銷和自我廣告。

從前面察爾斯的例子我們可以看到，透過敘事連貫性（narrative coherence）才有可能理解某人的生命和自我意識，但正如我們在第一章中看到的那樣，後現代主義的思維已對此提出了挑戰。例如，在Sermijn、Devlieger和Loots（2008）的採訪中，18歲的夏洛特（Charlotte）作為敘述者，在下面的摘錄中呈現了片斷的敘述，夏洛特描述的方式幾乎在各方面幾乎都與察爾斯的不同。

夏洛特：是的……我們知道，是的，這很難（笑）。是的，我只能說這很棘手，從剛開始就很難……是的，也許我說的只是我現在的想法……

自從去年或前年的夏天，我對自己不滿意。我並沒有覺得自己胖，但是我對自己並不滿意，並開始吃的越來越少。我並不覺得自己漂亮，我還是有吃，但吃的越來越少，然後發現那讓我感覺很好，我嚴格地把某些規則強加在自己身上。我一直持續這樣一年，情況變得越來越糟，東西吃得很少，甚至什麼也沒吃。情況變得越來越糟，然後我真的開始覺得自己胖。我開始想到一些事，實際上我早就對厭食症感興趣，我記得我曾經在一些小說，書上是關於那些以為自己很胖的女孩，我還在課堂上曾經報過這個主題。也許這就是原因，為什麼我會得到厭食症。我不知道……心理學家說原因是其他，這和我與父母的關係有關……但我不相信，我認為這可能來自那些我看的書……我的父母與這有什麼關係？……是的，我知道這不是很好，但是我不想承認某事出了錯，因為我感覺很美好，雖然不夠好，但是如果我少吃點東西等等，我會越來越好。我每週必須去醫院看心理醫生一個小時，我蠻喜歡的。一開始這真的很難……然後我的飲食時間表有些調整，我不得不多吃些，那真的很難，特別是這些過去不想吃的東西。現在，我不再有任何問題了。現在我完全好了……我不知道我是否真的完全好起來，但是我感覺好多了，我不清楚自己是否完全康復，可是我感覺好多了。現在我回到最初的時候，是的，它仍然……如果我看到其他女孩午餐時只吃一個蘋果，那麼我會想：「哦，他們患有厭食症。」我不想和任何人談論這個問題，特別是和女孩們談論，我有點害怕別人做得到，是我做不到。現在我可以了……如果我出去吃飯，「哦，不，我必須再吃點東西，哦，不，現在不是在學校，那樣我可以再多吃點。哦，不，」一直看到食物或在學校現在都已經不成問題，我可以和其他人一起去度假。我的腦袋裡仍然有些東西，我想吃得健康，沒有薯條，我從不想吃那東西，沒有蛋糕這類食物，還有和

其他女孩在一起時，我會注意她們吃什麼。我會留意自己吃什麼，我回到家時總是想著這件事：「哦，她吃了一個蘋果，也許她會比我更瘦。」現在已經不一樣了，現在我想的是「愚蠢的女孩」。我仍然會注意到這些東西，例如昨天有一個女孩午餐在學校裡只吃一個蘋果。是的，只是一個蘋果！因此，現在一切都變得更加輕鬆，生活也更加輕鬆。是的，反之亦然……我有很多愛好，特別是體育、網球和曲棍球，我真的很喜歡，而且我想做得更好，就像在學校一樣。在去年，我成績不錯，我對自己有很多期望……等一下，你看，這是我的狗不久前走失的照片。當我6歲的時候，它出現在我們家，我父親想要一條狗，而我和其他人也想要，我的媽媽和我的姊妹們也都喜歡這個主意（Sermijn等人，2008，頁632-633）。

我們把這兩個敘述者之間做個對比：察爾斯是一位成熟且受過良好教育的中產階級男性治療師，將自我理解作為自己一生的計畫之一；夏洛特是一位青少女，尋求自我認同是她這個年齡的重要計畫，其中包括她曾因厭食症而接受治療。敘述者的傳記簡介和人生階段會影響其講述方式的差異，我們關注的較不是文本層面的分析，而是分析他們自我敘述的獨特方法。

作一種分析方法，Sermijn等人寫到：

夏洛特告訴我關於她自己的故事片段（就像她故事的其他部分）既不完全連貫，也不完全依照一個情節線性地形構，相反，夏洛特寧願將不同的記憶、感覺、事件和思想的碎片（有時是矛盾的）混合在一起。儘管她故事的某些部分確實具有某些傳統的故事屬性，但也存在著許多相互矛盾和不連續的故事元素。（頁634）

　　作者認為，我們有種對生活故事連貫的內在期望，是源於西方主流對自傳體裁敘述的看法，認為要有至少要有暫時線性且連貫的情節和統一性，才能「將故事（和自我）轉變為線性而結構化的整體」（出處同上）。他們採取Butler和Foucault的觀點，認為個人敘說他們生命的方式並不一定具有普遍故事的特徵，而且所有故事（甚至是傳統故事）都「受到某些次文化中論述和作品的影響」（出處同上）。Serimijn等人的觀點與「認為人類所說故事底下是有一個固有的敘事結構」的觀點是衝突的，有關此內容的更多討論，請參見本章的第3節。

　　實際上，Serimijn等人（2008）繼續強調使用後現代取向來理解生命故事具有許多特徵：

　　透過採用後現代的故事概念，我們可以將自身視為一個不受約束的故事，這個故事是由視域中（有時是「相異」）故事元素的異類組成，人們可以各自講述自己的部分，而不需要被綜合成一個連貫的故事，以使他們從中獲得了自我。「作為後現代故事的敘事自我」這個觀點與後現代思潮有關，即自我沒有穩定的核心，而是多重、多聲、不連續和零散的。（頁636）

　　自我是統整和連續的觀點與Serimijn等人（2008）文章所闡述的後現代主義觀點，這兩者的區分反映了我們對於最基本概念的定義還缺乏共識，例如認同（identity）、自我（self）、自我性（selfhood）。在第一章中，談到了我們對於認同概念的看法，我們特別指出了解認同的其中一種方法是透過自我認同（self-identification）和自我表徵（self-characterisation）。上面的兩種觀點可找到相同的共識，即一個人傾向於以多種方式來識別他或她自己，而這些不同的認同構成了聲音和平行的故

事元素，然而它們不一定會融合起來使我們可以講述一個生命的故事。察爾斯對自己的敘事描寫中看起來井井有條，而夏洛特顯然沒有努力提供建構敘事元素的事實，這可能並不是「傳統觀點」和「後現代觀點」（Serimijn等人所指）間的根本對比。這兩個生命陳述之間的主要區別在於，儘管察爾斯擁有不同的角色、認同和社群身分，但他努力維持並保持其個人敘事，而夏洛特似乎沒有採取反思性的方法來做到這一點，從而導致了一個高度分散的敘述，似乎沒有任何連貫性。這也可能是夏洛特為了滿足研究者的需求，而提供關於她自己的不同敘事元素，這支持了後現代主義的理論，即關於敘事的流動性和認同的轉變取決於論述脈絡和對話者。

在本章中，我們回到了後現代性中的認同和自我性的概念，這些問題我們已在第一章中談過。我們使用了兩個例子來進行對比，即所謂關於自我的「傳統觀念」是「連貫的」、「統一的」，具有基本的「核心」，而「後現代觀念」則將其概念化為「破碎的」、「轉換」，「流暢」、「多重」和「模糊」，上述我們引用的也許不是最好的例子，但是我們希望已經把這個差異表達得夠清楚了。我們認為問題不在於倒底是有個核心自我，還是自我是分散或轉換的，相反地是社會科學研究者和個人如何定義自我、認同與動態互動，用以區別敘事、個人及其在世界上的存在方式不同。換句話說，我們對於自我表達的核心要素的爭辯，應該把討論的焦點更多地放在了它對人類生活的意義上，而不是要在基本概念上達成共識。

二　生命敘事是種「傳記幻像」嗎？

對敘說自我性（narrative selfhood）存在一種誤解，即所有生命故事僅僅是自我和人格的個人見證。對人類存在的反思能否將他們從歷史、

社會和文化限制中解放出來？包括那些發展並嵌入在他們自身的觀點。
Plummer（2001）建議，一個人的故事可以是整代人的故事。我們所有的
故事僅僅是個人的創造物，還是它們是被強加給我們的？換句話說，敘事
的形式是社會化（socialisation）和濡化[1]（enculturation）的結果嗎？被編
劇好的敘述來自哪裡，例如：我是工人階級、黑人或單身母親，我是否過
著黑人、工人階級或單身母親的生活？多數人是否會把自己關聯與認定爲
某種形象和看法？並認爲這種形象和看法是文化和社會力量動態的產物
嗎？

　　Plummer（2001）認爲，記憶不僅僅是心理屬性，它們是個人和團體
所依附的社會事件，它們是故事關於：事物過去是如何、事物過去形成的
原因、事物現在是如何以及將來可能會如何。他寫到：

> 　　因此，要形成一個自傳／傳記社會的所有家譜，現在正是這個時刻，
> 必須開始檢視流浪者、邊緣人和弱勢者的各種故事，以及它們如何能夠在
> 更廣泛的社會想像中佔有一席之地。（頁91）

　　Plummer認爲這些流浪者的故事帶來了空間，使得更多的聲音可以
進入社會研究的世界，包括大屠殺倖存者與同性戀者的聲音、關於老人
／健康和愛滋病患者、被殖民土著人民的故事等。Plummer進一步以女
性的自傳／傳記和「個人敘事小組」（Personal Narratives Group）的作
品爲例，暗示她們帶來了「不同的聲音和獨特的形式：使她們更可能被
他人所理解、較少關注公領域的部分、並與他人具有更多的『嵌入性』

---

[1] 譯者註：濡化（enculturation）是英國文化人類學家Tylor提出的著名概念，指兒童習得其
自身文化的過程。

（embeddedness）和聯繫性」（出處同上）。透過這種方式，婦女的個人故事成為將私人擔憂公開曝光的一種方式，包括對性別、階級、種族、族群、年齡、健康、殘疾、母職和其他女性主義等議題。

如我們在較早的章節中所提到的，強調個人、社會和歷史之間的動態關係是生命史作品的主要力量，但是此種研究的認定和研究者認為個人生命故事是呈現某個主要議題已受到許多的挑戰。Bourdieu（1994）認為，生命史研究傾向於將邏輯和秩序強加於原本混亂的生活中，從而產生了虛假的完整性和連續性，他稱之為「傳記幻像」（biographical illusion）。對於Bourdieu來說，生活史研究者建構個人生命敘事和傳記，並不一定會考慮到諸如混亂、模棱兩可、矛盾、反覆、不連貫和事件無關緊要之類的突發事件。Bourdieu認為，透過賦予事件連貫和秩序來塑造個人特徵和認同統一性，以使生命成為個體私人冀望的實現，這種觀點是一種幻像。

確實，在生命史研究中，如果研究人員在心中有預先確定的「地圖」作為地景，再來調查受訪者的生命，以便將他們的生命故事「引導」和「航向」到某種預先設定的連貫性，那麼幻像的指責是一個有用的警告。同時，如果生命史研究只是沉迷於個人的自我創造中，那麼它就低估了上一章中討論的交會能力。

生命敘事同時是個人和社會的，這個事實早已在生命史和敘事研究中得到認可。因此，現在大多數研究人員已經超越了傳統與象牙塔式的方法來處理參與者的生命故事，在過去的研究過程裡，進行觀點編輯時，研究者的立場說明是被刪除在外的。越來越少研究人員把生命敘事的呈現當作他人真實的連貫故事，就好像他們自己身處情境之外，用隱藏而不被人發現的照相機來記錄，甚至自己的活動是沒有任何影響的（Denzin, 1997）。相反，研究者成為「寫作計畫的一部分」（出處同上），研究成為互相交會的過程，如第五章所述。

Bakhtin（1984）認為，任何敘事（即使不放在研究範疇內）也可能是「最具張力的對話，因為每一個存在、表達和字詞都透過細微之處對隱身的講話者做出回應和行動，它指向自身之外的意涵，超出自身既有限制」（頁197）。這是我們在整本書中一直強調敘事很重要的面向，也就是說，敘事既不是產品，也不是關於個人及其社群的許多傳奇故事。這是一個過程、一個旅程，可導致學習、行動和對自己或他人更深的理解，以及認識其所在世界的目標。這並不是假設任何講述自己生命的人都會到達理想的目的地，使得行動和價值觀可以凝聚，在前進的旅程中開展出對幸福感與快樂的承諾，就如Ricoeur所說的。

生命故事不是最終產品，而是社會過程當中敘說交會（第五章所述的）的開始。我們前面曾提出五個階段，即敘述、協作、定位、理論化（意義化）和導向（在第七章中，我們將同化並重新命名最後一個階段為「統整」（integrity），它比「導向」的意涵更適合涉及道德部分的分析）。這五個階段可以使對話者或敘說協作者的視域更加融洽，包括他們各自的生活經歷、個人價值觀以及理論（個人和科學領域）和概念。Bourdieu前面提出對秩序和連貫性的質疑，因此可能得到緩解。

這種社會過程建立在回溯性意義的展開，以及在一定程度上對更大整體（包括社會、文化和個人）秩序的追求。因此，生命史和敘事研究計畫的基礎是，從講述和重述生命故事以建構和解釋意義，用以構建和重建個體生活軌跡和社區集體行動。

三 仔細探究生命故事和敘事結構

敘事的結構通常包括故事的內容和敘事使用的形式，以使故事形成意義。這些可以描述為故事和情節。從文學的角度來看，有些作家如

Christopher Booker（2004）認為，個人生命故事總體上來說一樣會出現類似文學的故事情節，Booke認為：「無論男女在世界各地講出的故事，都是從他們想像中湧現出來的，這些故事都以非常相似的方式形成」（出處同上，2004年，頁3）。Booker將這些不同的故事總結為他所謂的七個基本情節：喜劇（comedy）、悲劇（tragedy）、麻雀變鳳凰（rags-to-riches）、探尋解答（the quest）、打怪（overcoming the monster）、旅程（voyage）、回歸與重生（return and rebirth）。Booker進一步認為：

　　故事是由表面下的形式和力量所形塑而成，它們是超越故事之說者的意識控制之外，它們引導了故事進行的模式和方向，當我們對於這些形式和力量的本質越熟悉，我們就越能發現我們正在進入一個領域，對這些情節的再確認被證明為其唯一途徑。我們發現的不僅是一種隱藏與通用的語言，事實上，情境和人物正是核心，它們是故事得以產生的源頭。一旦我們熟悉了這種象徵性的語言，並開始抓住它的言外之意，世界上的任何故事就可以此新視角來看待，因為我們進入了故事的核心，了解其所言為何以及我們為什麼說這些故事。（頁6）

　　我們認為個人故事的樣態和形式也是有文化原型，這些原型造就了人物原型和權力結構，從而影響了人們對事件的經驗以及個人與團體的行動。因此，非常重要的一點是，我們不能將「故事」作為單向度的詞來使用，因為故事的種類繁多。故事可以是文化性的銘刻，某些文化可能會銘刻一個宏偉的自我，使個人得以慶祝自己榮耀的形象，而其他文化則可能某種程度的超脫，比較是從論述來形塑個人的認同感。

　　也有其他作者認為，人類心理影響了生命敘事的建構方式。McAdams（1993）主張的認同心理學與Booker的觀點大致相同，他提出

悲劇、喜劇、浪漫和諷刺四種原型，這些是個人建構生命故事時使用的。他主張人類是故事的說者，在敘說的過程裡，他們發展出自我認識和某種完整性的意義感，這是透過創造個人神話來實現的。他寫到：

> 這不是妄想或自欺欺人這類的東西，我們不是對自己編織謊言。相反，透過我們的個人神話，我們每個人都發現生活中什麼是真實的，什麼是有意義的生活。為了生活得更好，擁有團結和目標，我們撰寫了一部關於自我的英雄敘事，以便說明關於我們自身的基本真實。人類真實的傳承仍然主要存在於神話中，正如人們好幾個世紀所維繫下來所做的。（1993，頁11）

　　從心理學的角度來看，McAdams認為個人神話是「一種想像力的行動，模組化式地融合了回憶過去、感知現在和預期未來」（出處同上，頁12）。這個神話可能是眾神或女神、可能是英雄或英雌，例如武士、賢哲、情人、守護者、治療者和倖存者之類，個人神話都不是等待被認可預先形成的人物。McAdams提出，人類是透過神話創造自己的。神話創造是一項終生的努力，包括童年無辜角色扮演、青少年嘗試不同的角色、成年角色的內在化和張力的解決，並力求「將我們故事中對立部分放到一個充滿活力而和諧的整體中」（出處同上，頁14）。McAdams的論點是，我們都透過敘事來認同、依存和改變我們的神話，從而在生命中找完整性。

　　然而，儘管故事中可能內含了（事件的）原型、神話、角色和生命歷程，但生命和故事並不完全相同，即使諸如Booker、McAdams等人可能會支持這樣的想法──人類會在「真實」生活中按照故事行事。回到我們之前的觀點（見第一章），生命與敘事之間的關係是一個複雜的關係，

一方面生命是我們的生活，常常是混亂的，並且缺乏虛構故事所具有的時間結構；另一方面，當故事被說出時，敘事者是透過事件的選擇和敘事的結構來使故事連貫。這是一個高度文化決定性的過程，我們必須不斷審查自身看法的危險，西方對於自我的觀點也許不斷殖民於我們的討論和論述中。因此，「依存的生命」（life as lived）與「訴說的生命」（life as told）總是有區別的。另一方面，人類行為總是出現在個人生命敘事、傳記以及講述給自己和他人的故事當中。正如Ricoeur（1984）所主張的，當敘事是世俗存在的條件時，時間和歷史就變成了人類之所在。也就是說，敘事具有重新構造人類對過去、現在和未來行為想像的能力，因此，透過人們講述自己和社群的敘事，可以對生命有所理解並採取行動。

故事的核心是情節。Ricoeur將情節定義為「一種整合的動力，它從各種相異的事件中汲取了一個統一而完整的故事，換句話說，就是將這種差異轉變為一個統一而完整的故事」（1992，頁8）。依照此定義，Ricoeur能夠從情節中抽取「社會變革的整合要素」的功能。敘事表達的任何規律都來自敘說者的生產想像力，這是受到他／她所處的特定文化基模和傳統所構成。因此，Ricoeur建議：「這三個方面中的每點都使我們能夠看到，對於情節的安排是根據真實的敘事理解所進行，無論是根據事實還是根據對錯，敘事理解是先於每個敘事的建構，並根據第二規律的理性在進行的。」（頁19）。

Ricoeur通過討論擬像（mimesis）和敘事認同的文章，來探討生命敘事的結構。擬像是模仿自然（按照亞里士多德和柏拉圖的定義），也是對某個行動的模倣。它不是模仿行為，而是透過將事件放置在組織和規律裡，作為一個整體來形構它，擬像是對敘事進行情節的安排。Ricoeur將生活經歷（或行動世界）與想像的世界（或小說）區分開來，得到三重擬像。

擬像一：對人類行動的預想（prefiguration）。根據Ricoeur的論點：

要模仿或呈現行動首先要預先理解人類的行動為何，包括從語義、符號系統、時間性等方面。基於這種預先理解（對詩人和讀者同樣發生），情節設置得以建立，於此當中形成文本和文學的擬像。（1984年，頁64）

這表明敘事的情節設置不能脫離「真實」世界的體驗和其文化中的行動，包括規範、實踐、規則和象徵。此外，行動的特徵是只有透過敘事才能開展的時間結構。

擬像二：是對經驗的配置和事件的組織。它是行動在文本中的呈現，是「對行動規律及其時間特徵的後置理解」（Ricoeur, 1984，頁65）。透過時間的某種配置和呈現，敘事將歷史（過去發生的事情）與虛構的故事（未來可能發生的事情）整合在一起，並藉由邀請讀者的參與而影響讀者的想像力。這使得敘事成為藝術，不僅可以隨時間推移而統一事件的連續性，還可以創建敘述者社群的故事。

最後，擬像三是讀者或聽者對文本或敘事回應的再形構，或是讀者或聽者對擬像一和擬像二帶來反應的再形構。換句話說，敘事過程要變得完整，就必須讀者或聽者重新確定此情節並重新詮釋此敘事的意義。Ricoeur聲稱，文本或敘事可以對讀者或聽者產生作用，並深刻地（甚至具有蛻變性的方式）影響他們。在這一點上，Ricoeur贊同Gadamer透過「視域融合」來理解的觀點，因為敘述者的觀點以及他（她）的文化背景和象徵主義可以與讀者或聽者的觀點結合在一起，從而在歷史和文化脈絡產生對人類行為的新解釋。在人類行動的時間性裡，敘事將過去與現在聯繫起來，並將現在放置於未來目標的脈絡下。

Ricoeur的文章談到，除了透過敘事的創造力量之外，沒有其他更好

的方法可以理解個體和其行動，並從整體的意義來掌握個體的生命事件。
正如前面Ricoeur所提到，生命故事及其固有的敘事結構產出了價值和信
念，這些價值和信念是嵌入每個社群，並框架了敘述者生命當中的動機、
意圖和目標。正如第一章和第二章所討論的，敘述使我們所有人都能從道
德的角度理解人類的行為，而且每個故事都可以教我們如何與他人相處的
方式與如何處在社群生活之中。這基本上就是亞里士多德的倫理觀，他認
為美德生活就是善，它是人類繁榮和富裕之所繫。敘事是對行動的意圖
和目標持續追求意義和方向的追尋。Ricoeur進一步提出，敘事倫理必須
植根於一個公正的社會中，這是社會制度和社群的終極「存在的理由」
（raison d'être）。

　　總而言之，仔細研究生命故事的本質以及Booker、McAdams和
Ricoeur對講故事當中敘事結構的概念，這樣的討論帶入了敘事倫理、人
類幸福和快樂的領域。然而，儘管人類能對生命故事賦予情節，人類有解
釋能力將規律和意義持續置入生命事件和行動當中，但尚不清楚是否所有
敘述者都將這種蛻變性用來理解自己或他人，進而開啟對更大社群的認
識。接下來是我們需回答下一個問題，研究生命敘事當中個人和社會的本
性以及對話交會，是如何幫助人們塑造自己的故事，最後生命故事如何具
有反思性，而反思性如何以及何時能導人類的新行動。

四　敘說交會的重要性

　　第五章中我們已經對敘說交會有所討論，在本章中對敘事結構及其內
在的個人和社會動力也作了深入探究，現在我們能夠進一步指出，生命史
和其他傳記工作為更深層次的交會提供了對話空間。透過這個過程，個人
敘事被創造和建構出來，而將社會和文化性內嵌在不斷變化的論述和多重

自我認同得以一起呈現出來。這種交會超越了只是「展開」生命事件的個體主觀體驗範圍，他們有可能改變自己的行動方針，並使之與自己生命中的價值觀和目標保持一致。當然，這適用於對話交流中的所有敘說協作者（研究人員和參與者）。我們將敘說交會視為一種非刻意的「介入」，並將透過下面的舉例來說明敘事如何因為訪談對話而發生變化。

　　喬治（George）是一個五十歲的黑人男性。他在中美洲的貝里茲長大，然後移居洪都拉斯，後來移居到加拿大，我們是在加拿大開採訪他的。這些採訪對話進行了一年多，總共進行了十二次此類採訪，每次採訪持續了大約三個小時。訪談剛開始只有很少探究性問題或打斷，而讓其完整敘說，一直到高度協作的「紮根對話」（grounded conversations），因為生命史探究中斷了喬治自己進行的「內在對話」（internal conversation），使他開始在他所謂「文化提供的腳本」（culturally provided script）中反思和定位自己的故事，並以新的方式重新闡述和理解他的敘述。以下摘錄是喬治筆錄的第一部分，該筆錄經過了稍微的編輯。

　　在學校裡，老師們都愛我。現在回想起來是不可避免的，我與他們相處得很好。在四年級時，你無法不對你的老師著迷，而我清楚地記得我很喜歡這位老師——珍妮·瓊斯小姐。她非常喜歡我，我最興奮的是星期六要去她家幫忙洗她的自行車。因此，自行車是我可以靠近她的方式，結果大家都把自行車照顧非常好。他們會擦亮並清潔輪輻。當我洗完她的自行車後，我可以騎它。因此，我非常自豪地在城市裡騎著瓊斯小姐的自行車。如果在其他國家，這相當於跟老師借汽車。我們自己沒有自行車，所以當我去拜訪我認識的同學和朋友時，他們知道我騎的是老師的自行車。

　　教育官員參觀了我們的學校，在我們的眼中他們看起來是大人物。他們穿著非常白的襯衫，著西裝外套，穿著體面。對我們而言，這些傢伙達

到職業成就的頂峰，我們要仰望他們。

　　之後，我進入了聖保羅學書院。那也是一次很好的經歷，因為我一樣非常熱情衷和努力學習。每學年結束時，聖保羅書院都會舉行演講之夜。每個學科領域都有獎。當然，在學業上我是努力上進的人，我總是試圖獲得一些獎項，而且的確有所收穫，也贏了某些獎。雖然我的母親已安息主懷，但我永遠不會忘記要榮耀我的母親，我是她的兒子，這也是我來聖保羅書院的原因。我的意思是，畢竟我的故鄉是一個沒有大學的地方，直到出國以前，我高中畢業後一直沒有大學文憑，當然，有些人堅持不懈繼續完成大學學業，但是我沒有做這樣的選擇。演講之夜對我來說非常重要，因為在二十、三十個男孩的班級中，只有兩個或三個男孩獲得所有獎項。這所學校以藝術聞名，主要課程包括歷史、地理、語言、健康科學、數學，也上代數和物理幾何課，但沒有三角函數和科學的課程，我們學校根本沒有科學課程。後來，當政府在城市北部開設一所技術學校時，我們有些人受到鼓舞，因為他們認為我們可以增加科學課程，為了增加這個部分的學習，我從常規課程中刪除一些科目，例如，我放棄了原本的健康科學與地理課程，晚上去了這所學校修讀化學和物理。但是，這個計畫後來還是中斷了，因為後來我們必須參加普通教育文憑[2]（GCE有人稱它為劍橋學校認證）的考試。高中生活對我來說是很愉快，在我一生中一個重要的人物是我的高中英語老師——霍華德·羅賓遜（Haward Robinson），後來他成為國內傑出的知識分子，他獲得了加拿大西北大學的英國文學學士學位，他的博士論文是關於貝里茲的克里奧爾語。在我的高中期間，他一直是我重要的人生導師。

2　譯者注：普通教育文憑（General Certificate of Education，簡稱GCE）是使用英語教育系統國家的考試制度，在GCE制度中，高中畢業生參加普通程度考試（GCE 'O' Level），大學預科畢業生參加高級程度考試（GCE A-Level）

　　高中畢業後，我開始進入教學領域。在那個年代，你可以透過兩種不同的方式進入教學。你可以在小學畢業後繼續留校並成爲老師的助手，然後通過考試獲得一級老師的認證，這大約需要五年時間。另外，你可以在高中畢業後教書。我於11月從高中畢業，並於1月開始教學。就教學內容而言，這是說得過去的，你在高中學習的知識當然足以教小學，就像大學擁有博士學位可以教碩士，這是一樣的道理。開始教學後，我開始進行在職培訓的學習，包括方法論、心理學、課堂教案和管理等課程，我每週會去首都一次或兩次。兩年後，我收到了一級教師的證書。大約同時，一所師範專校設立了，但是去那裡的大多數人都沒有高中文憑，我想如果有高中文憑在那裡往往被認爲是精英。從18歲開始，我教了三年的小學課程……。

　　我在兩所鄉村小學教了三年。在第二個學校，我成爲副校長，校長是一位年長的女性，我認爲是權力使我留下來做些事，最終接手了學校事務。但我不認爲這是應該的，我並沒有眞正想這麼做，我不知道自己想做什麼，但總是有個想法進入我的腦袋，就是我要離開貝里茲，而我永遠也不想一直待在那裡，令人意想不到的是，到後來這是個讓我覺得窒息的地方。事實上這並不是每個人都如此，許多以前我認識同學最後都接受了大學教育，擁有好的位置，他們似乎也很喜歡這樣的生活。但我認爲我是那種喜歡在大池塘裡游泳的人，即使我可能在那個池塘裡是個無名小卒，但總比統治一個非常、非常小的小水坑並進入一個幾乎讓人有幽閉恐懼症的世界來得要好。這樣的生活從來沒有吸引過我。

　　在貝里茲，教育非常重要。有一個廣播電台，貝里茲廣播電台。由於那裡沒有大學，任何離開該國學習的人都是新聞。廣播會宣布：今天從伯利茲機場出發的是A，他是B街的C和D的兒子，他正前往E學習R。然後四年後，他返國的事被大爲宣傳，他被視爲英雄。這是非常重要的一件

事，因為在一個高中教育都不太容易的國家，擁有大學學位的人真被認為是神！不管你拿到的是什麼科系的大學學位，你都會被視為超級聰明。因此，當一個人返回貝里茲國際機場時，雖然只是通過英屬系統的普通教育文憑都會被在廣播上公布。來自全國各地的學生聚集在貝里茲城，在一個巨大的大廳裡參加考試，監考人員來回巡視，然後將考卷送到英國進行評分和標記，幾個月後，結果會在貝里茲廣播電台上宣布，他們會公告每個學校和通過憑證的結果。這個廣播電台是整個國家中唯一的廣播電台，對於貝里茲人來說，教育是非常重要的事情。他們賦予教育很崇高的價值。你想成為廣播中宣布通過學校證書的人，也許有一天被宣布離開國際機場去國外求學。我現在正在建立這樣的聯繫，這變得很有影響力。想像一下對那些沒有上過高中的人，你知道上了學，肯定有些改變，你要麼接受過高中教育，不然就是沒有！你要麼接受過大學教育，要麼沒有。這就是這樣一回事。不過，這是件有趣的事，就像他們受過大學教育一樣，顯然這是我夢寐以求的某種方式，因為我沒有受過大學教育，這對我來說似乎太遙不可及了。因為如果你想上大學，有兩種方法可以上大學，你可以獲得政府獎學金，也可以讓父母為你付學費。我們家是負擔不起，實際上，如果我沒有獲得高中獎學金，我就拿不到高中文憑。

對話合作的迷人之處是，透過深入的「扎根對話」和內省性反思（introspective reflection）的結合，可以使生命的講故事者在更廣泛的社會、文化和歷史脈絡下「定位」他們的故事經驗。喬治在採訪即將結束時談到了這個過程：

回顧過去，我感到自己背叛小時候表現出對學業的承諾。檢查錄音帶和筆記後，取回了許多的記憶和後續的感覺。星期一，我感到很沮喪，我

意識到生命已經過去，我爲應該怎麼辦感到煩惱。現在這個階段，我應該
是教授或擁有房屋和汽車的經理。二十五年去了哪裡？

　　大學學位對我來說很重要，我總是很羨慕那些擁有大學學位回到貝
里茲的人。我明白這背後有複雜的原因，有一部分我懷疑自己是否有大學
的學習能力，我不知道我需要什麼。然而，在某些時候我做出了選擇，我
避免去測試自己的能力。儘管前面我沒有說清楚，但經過反思，是我逃避
了，我選擇了一條不同的道路。我沉溺於女性的情感中，卻忽略了我智力
的潛能。最終我選擇了結婚而不是學習。我自己的家人中，我的繼父是一
名司機，也是沉溺於女性的關係中。在高中時，儘管我取得了學業上的成
功，但我還是叛逆的，並給老師帶來麻煩，主要是來自我的小聰明。我避
免受更多的教育，卻也感到沮喪。我現在覺得離開聖保羅前往洪都拉斯，
是因爲我不想被困住而逃避了。我知道自己想獲得大學學位，卻不準備面
對挑戰，所以我逃避了。我不想被淘汰，我不想成爲過時的人。

　　去洪都拉斯似乎是合理的，因爲我是在那出生的。現在，我發現這次
旅程是逃避自我或逃避命運。只有我上了大學，才能在廣播被宣告到達機
場的榮耀……我眞的不知道我是否想要那樣的東西，以一種有文化脈絡的
腳本爲生。

　　喬治敘事的主要特色在於，爲了超越自己原本國家和社會背景，他能
夠描述外在、內在的變化和他的期望。在這個過程裡，喬治和艾佛（訪問
者）在最初和後面的互動裡，都經歷了相當多的脈絡變化，特別是透過他
們同時作爲移民的經歷（艾佛從英格蘭搬到加拿大，喬治從中美洲搬到加
拿大。）在崎嶇的旅途中，喬治的敘述和敘說學習與理解使他們幾乎團結
在一起。

　　此外，喬治將敘事定位爲「活出具有文化底蘊的腳本」，這標誌著他

對生命理解一個清楚的分水嶺。實際上，這種敘說交會恰好與艾佛和喬治個人變化相吻合，在這個研究結束後，艾佛回到英國工作，喬治去加拿大北部任教。

在某些方面，人格的構建使敘事更豐富並提供了自身作為行動和學習的場所。Goodson（2010）認為，敘事建構可以被視為「原初學習」（primal learning），是自我意識最重要學習發展的核心。原初學習與自我發展息息相關，從這個意義上說，原初學習發生在學習與持續自我理解聯結以及認同建構之前，也許最有效益的學習是能導致我們自我覺知有意義的改變。

綜上而言，我們認為原初學習透過持續的敘事行動隱微地影響個人對自我的看法。大多數人都有與自己生命相關的根源敘事（root narrative），但並非所有人都不斷地敘述和重新敘述他們的生命。因此，原初學習和敘事之間有著密切的聯繫，以至於最好將這種學習稱為「敘說學習」（narrative learning）。

敘說學習實際上有兩個關切的「場域」（site）。首先，使用我們的主要根源敘事作為學習的工具；其次，也許更關鍵的是，敘說和重新敘事的持續行動，對我們生命敘事進行言語呈現而形成的修改和調整。敘說交會成為對新情況和機遇進行靈活而彈性敘事回應的場域，這種對話相遇為我們提供了最多機會來增加學習意願、行動可能性和不斷的認同建構。

這樣構想的敘事計畫還具有改變個人認知、自我理解和他們行動方向的潛力，它還可以改變團體的集體行動，並藉由轉化對過去經驗的記憶和理解，可以幫助改變團體或社群互動的方式，以達成共榮的發展。我們將在第七章和第八章中對此進行詳細說明。

▌問題討論

本章提出了一系列問題，以討論敘事的性質和目的。認同與自我這兩個概念受到後現代主義的影響，而出現與傳統分歧的看法，為了處理這個兩難的狀況，我們比較了兩篇個人敘事的摘錄，這兩篇摘錄都是傳達他自己是誰。根據Booker、McAdams和Ricoeur關於敘事結構的討論，我們確信採用某種個人神話或情節設置，可以使個人重新審視自己的故事，透過他們的敘事再活一次，這個方式可以使認同、承諾和行動得以一致。最後的摘錄提供了機會，使我們看到透過對話交會這是如何發生的。

我們的結論是，生命史和其他傳記作品本身就是透過深刻敘說交會而進行意義生產的行動。生命故事、傳記（包含自傳）、個人和社群歷史、神話以及其他自我沉思的文學體裁最終都是關於人類經驗、行動和生活方式的故事。敘事不是分析或解釋的產物或對象，相反的，它是對話與相互交會和學習的過程，它是人類的基本表達。我們想認為，生命史和傳記作品彰顯了我們每個人內在的人性，因為它透過關係和真實的傾聽參與了交會和開放的過程。

後續的問題：

- 在他們的敘述中，生命敘事是否會呈現出「基本的核心自我」（essential core self）？為什麼？用什麼方式？或者不會，又是為什麼？

- 您是否注意到在自己領域中經歷過任何生命敘事，這些敘事是否遵循一系列主要「原型」，並可以在歷史脈絡的更廣泛社會裡被發現？

- 個人如何將敘事作為一種通向「廣泛理解」或「自我建構」最富有「成效」的途徑？

・如果後續我們所追求的是新敘事和行動方向的改變，那麼生命敘事與治療有何不同？

▌延伸閱讀

Bakhtin, M. (1981). *The dialogic imagination*. Austin, TX: University of Texas Press.

Barthes, R. (1975). An introduction to the structural analysis of narrative. *New Literary History*, 6, 237-262.

Czarniawska, B. (2004). *Narrative in social science research*. Thousand Oaks, CA: Sage.

Deleuze, G. (1990). *The logic of sense*. New York: Columbia University Press.

Holstein, J., & Buberium, J. (2000). *The self we live by: Narrative identity in a postmodern world*. New York & Oxford: Oxford University Press.

McAdams, D., Josselson, R., & Liebich, A. (2006). *Identity and story, creating self in narrative*. San Francisco: American Psychological Association.

Pagnucci, G. (2004). *Living the narrative life: Stories as a tool for meaning making*. Portsmouth, NH: Boynton/Cook.

第七章
學習與敘事教育學

張慈宜譯

人之所以有別於較低等的動物在於他保存了他過去的經驗……人生活在這樣的一個世界中，在那兒所發生的每一個事件都滿載了已逝之事的回響與回憶，在那兒每一個事件都在提醒你其他諸事……人記憶與保存，並且記錄了他的經驗。

我們自然而然記得了那些我們感興趣之事，因爲我們受到了吸引。過去之所以被記得，不是因爲過去本身，而是因爲被添加在過去之上的那些東西。因此，關於生命的記憶主要是情感性的，而不是知識性的或者是實作性的……使之復甦或者是沉醉於其中，也就是爲現時此刻賦予了一個嶄新的意義，此意義既不附屬於事件本身亦不附屬於過去……意識及眞正的人類經驗……乃透過在一意義的整體中進行商議並且重新制定而誕生……

——John Dewey（杜威）（1920）《哲學之重建》頁1-3

緒論

本書之主要任務是想要探討生命敘事如何可以成爲教育學之所在，並且最終朝向敘事教育學理論之提出。爲了達到這樣的目標，我們在開頭的部分界定了何謂敘事，敘事在一般的社會研究中所扮演的角色，以及此一取向所面臨的挑戰（第一章及第二章）。我們同時檢驗了生命史研究的歷程、個體敘說特性，及透過相互接觸交流以及對話互動之後，個體的敘事可能產生什麼樣的轉變（第三章及第四章）。然後，我們更仔細地探究了

敘說交會的本質，並且改變了關注的焦點，將焦點由生命史研究作為敘事交流發生之所在，再進一步轉而集中探究敘事作為教育學之所在，以及其中所涉及的學習及轉化歷程（第五章）。在這些探究中，我們亦關注敘事如何與個體之認同及能動性產生連結（第六章）。

本章，我們進一步拓展了敘說學習的概念，並且開始發展一個敘事教育學的理論框架。同時，我們亦關注教育者如何把握那些由交會所提供的機會以促進深刻的學習。

■ 一 透過敘說學習朝向鞏固及轉化之可能性

截至目前為止，我們已經清楚說明了作為一種創造意義的基本形式，敘事可以成為個體學習的一個重要場所。透過這種方式，一個人對自我的感受乃深植於敘事建構之中。成為一個人並非僅只是與敘事有所連結而已，更重要的是，兩者之間的連結其實是這樣一種形式：敘事影響了一個人如何過他的生活。

這樣的主張隱含了關於學習的一種新的界定，超越了認為學習就是知識和技能的獲得這樣傳統的學習概念。我們的學習觀包含了意義的生成，而意義則聯繫到在人類之所為（do）、所是（being）及所成（becoming）之中，什麼才是有價值、值得投注的。這樣的觀點的確非常難以掌握，是以很多理論學者傾向於在認同發展此寬廣的主題之下來界定它，對其中的一些人來說，敘事計畫（narrative project）變成了認同計畫（identity project）。

無論如何，我們更樂於從一個稍微有點不同的角度來處理這個議題，我們對於學習的概念是以人類發展此一概念為核心，這是被我們所重視的。我們並不願意稱之為一個認同方案。對我們來說，學習所關心的是如

何促使個體之存有欣榮，並且使其全部的能力得到實現。Thomson（1987, 2002）主張想要界定何謂「欣榮」（flourishing），就不能不將人類生命的本質納入考慮，而且一個欣榮的生命必然潛心於非工具性（即並非工具一目的導向）的欣賞活動之中。Gill & Thomson（2009）進一步在此觀點上對學習進行闡述，主張學習涉及對一個欣榮的生命而言，人類品行的陶冶及提升是必要的。這些品行或德行超越了傳統所構想的知識或技能之外，而含括了以適當的方式付出關懷（caring），這些品行或德行是一個人應該獨立培養的。這些品行既由生命欣榮所需的一般特性所界定，也由那些個別個體適當的獨特性所界定。這些品行無法經由社會道德所要求的「應然」（shoulds）而獲致，而是出自「如果……，則會更好」（it would better if）之個人倫理。

　　將學習視爲德行與品行之陶冶，可能會複雜到難以定義，然而我們還是準備要進一步往前探索。跟隨亞理士多德的腳步，Gill & Thomson（2009）主張針對生命的每一個不同領域，有一組相應的德性或品行（亦參見Nussbaum, 1988）。在所有的東西中，這些品行最強調的是，能夠欣賞以及關懷他人（關懷他人的同時也需要關懷自己）；擁有內在的堅強、情感方面的能力及開放性；有能力理解並且欣賞世界大大小小相關的層面；擁有好的判斷力，包括知道何時及如何去批判、何時及如何對新的想法、連結保持開放性與開創性；具有主動性且有其關注的價值，包括自我驅策、有能力採取主動、與他人協同合作；有決心並且謹慎；清楚什麼是適合自己本質與稟賦的生命方向；尊重、關懷自己；以及有一個豐富的內在生活。從品行或者德性的角度來看待學習，有助於將學習概念化爲心智、身體、心靈、精神的發展，亦即這是一個關於人之存有以及可能成為一個什麼樣的人之議題。將學習等同於人之發展或者人之可能性的這種想法，涉及了妥善地理解自己，轉變個體在世界上之存有方式，也就是

說使之發展出一個更適合其本質、性情與鑲嵌於自我與他者之關係網絡（Arendt, 1958），並且依循個體對世界所懷抱之特殊使命採取行動之在世存有方式。

如此一來，我們開始將學習視爲具有轉化潛力（transformative potential）的敘說交會。確實，有些學者可能會挑戰我們，即轉化（transformative）理論學者早已探究了轉化學習（transformative learning）的敘事面向了。這樣一來，敘說學習不過就是個新的術語而已？或者它與那些已經被理論化爲轉化學習的東西到底有何不同？如果眞有不同，是如何不同？

爲了回答這些問題，對轉化學習理論進行一個簡短的回顧，將有助於讀者了解生命敘事雖有助於具有轉化功能的學習，但不必然被轉化學習理論所框限。限於篇幅，我們將不針對敘說學習及轉化學習之間的同異進行比較，而且對於其各項概念前提，我們也不在此處進行討論。然而，爲了建構出一個敘事教育學理論，以促進學習者整體成長之人類存有，我們感到有這樣一種必要：把敘說學習和轉化學習並排放在一起，即便只是暫時的。

轉化學習最早是透過Jack Mezirow（1978）的一項研究所構思及發展的，此項研究係針對歷經長時間間隔之後重返學校的婦女所進行的。Mezirow的研究主張，由童年到成年的成熟歷程，其想法、價值及信念首先透過撫育、學校教育及其他社會文化管道而被同化與建構，然後在成年期又透過教育與學習而被重新塑造，甚至轉化。按照Mezirow的觀點，轉化涉及對先前所建立起來的價值觀，以及己身在世界上所採取的行動，先加以疏離化，然後「以一種更高程度的自決（self-determination）來重構新的觀點，並重新投身於生命中」（Mezirow, 2000: xii）。Mezirow將此歷程的特色描述爲「理解與行動互相作用以改變存有狀態的一種辯證與一種實踐」（出處同上）。

　　認知層面的批判性自我反映被視爲是成年轉化學習理論的關鍵，意義的創造也是關鍵因子。對轉化學習理論來說，學習「被理解爲一項對相互競爭的各種意義進行協商的持續努力」（Mezirow, 2000，頁3）。他維持這樣一種觀點，認爲成人轉化學習是一個透過強化意識覺醒、理解、重新檢驗假定、綜合與辯護，而對個體經驗進行解釋並生產出意義的歷程。藉由這樣的歷程，個體得以根據新的意義觀點來採取行動。

　　在一本較早期的書中，Mezirow（1991，頁161）主張轉化學習將焦點放在觀念轉化（perspective transformation）上頭，包括：(a)對自我有一種增能的感覺；(b)對於社會關係及文化如何形塑其信念及情感有一個比較批判性的理解；(c)功能性的策略及聯結以採取更多行動。

　　轉化性的學習涉及經驗思想、情感與行動方面一種深刻的、結構性的轉變。這一種意識的轉變劇烈並且永久地改變了每個人在世存有的方式。Mezirow列舉了觀點轉化的十個階段（1978, 1995）：

* 一個迷惘的困境
* 帶著罪惡感或羞恥感進行自我檢查
* 對於假定的批判評估
* 認知到個人不滿並進行轉化歷程是可以和人分享，知道其他人有嘗試類似的改變。
* 探索新角色、關係與行動的可能選擇。
* 規劃行動的路徑
* 獲取實現個人計畫的知識與技能
* 暫時嘗試新角色
* 培養新角色及關係中所需要的能耐與自信
* 在新觀點所支配的條件基礎上對自己的生命進行重新整合（摘錄於E. Taylor, 1998，頁4）

　　過去三十年來，對於轉化學習理論的批評及進一步發展，已經爲教育者及研究者創造出一個得以更深入反映及討論成人學習的空間。

　　對Mezirow模式最初並且最重要的挑戰乃是關於批判性反映此一層面。按照Mezirow的說法，批判性反映（critical reflection）是一個我們企圖對我們的信念進行辯護的歷程，可能可以透過理性地檢驗我們的假定來達成，但更常是藉由與那些擁有不同立場的其他人進行討論，直觀地意識到我們的思想中有不妥之處或者效度有問題，而達到一種充分訊息掌握的判斷（Mezirow, 1995，頁46）。在轉化學習理論中所描述的批判性反映非常仰賴人類的理性。我們相信這樣一種學習觀點，過度低估關係、論述與對話交會、情感及靈性經驗、甚至潛意識，這些都是我們在本書中大力鼓吹整體努力的一部分。轉化學習近期的發展涵蓋了象徵、敘事、神話或者是說靈性向度（Dirkx, 1997），同時也包括使用傳記（或者自傳）與其他個人敘事作爲學習的工具。

　　轉化學習教育學的核心是教育者爲成年學習者創造經驗了迷惘困境（disorientation dilemmas）的機會，如感覺到迷惑、不確定與矛盾，這也是Mezirow轉化學習的必要條件。在此一方面，敘說學習採取了一個與轉化學習不同的路徑。敘說學習不是靠著經驗到迷惘，來對自身的價值或信念產生質疑，對於一個人要對自身的假定感到不滿或者批判來說，這絲毫不是必要條件。敘說學習的轉化是透過：提升個體對自己及他人；對自身在時光淬鍊下所活過的那些經驗；對一個人在世界所身處的位置；對歷史、文化、社經力量如何形塑我們成爲人類存有；成爲我們現在之所成爲的人；對我們截至目前爲止所走過的旅程；及我們將攜手共進的旅程等等，這些理解而達成的。

　　生命並不總是包含著迷惘的困境與過渡。很多的生命都是以例行性的方式過活，這甚至就是俗世生活的關鍵。敘說學習與教育學的轉化，有

時候是透過鞏固我們是什麼樣的人，或者描繪我們行動的路徑，來反映我們自身的本質。換句話說，敘說學習是一個擁有一個開放性議程的終生歷程，敘說學習高度仰賴個體的生命及生活經驗，同時也有賴於個體的敘說特性（narrative characters）、其生命觀之本質，以及其在各個不同年齡、階段的生命歷程。它不是聚焦於問題、企圖解決不協調的一種教育學，雖然敘事教育者可能確實想要引導個體關注其說法中的不一致或不協調，並將之作為一種教學槓桿。本章稍後我們對此將有進一步的闡述。

■ 敘說學習的螺旋歷程

在本書中我們一直試圖處理的問題是，敘事以什麼方式來提升我們先前所界定的那種學習。至今，我們已經提出這樣一種看法：敘事是一種可以讓我們對作為人的生活經驗有更好的理解，以及想像並且表達我們可能成為什麼樣人的一種管道。有些作者將此一歷程稱之為自我創作（self-authoring）（McAdams, Josselson, & Lieblich, 2006）。生命宛如敘事，或者宛如自我創作的隱喻，是一個有吸引力的隱喻，因為它讓個體得以藉由文本的改變而進入另外一種生命或者存有方式。因此，Witherell（1995）寫道：

敘事讓我們得以同理地進入另外一個人的生命及其存有——去加入一場生命的對話。在這個意義上，它充當了一個融合的手段，邀請讀者、聽者、作者或說者，成為另一個人旅途中的同伴。在此一歷程中，我們可能發現自己變得更有智慧一點、更寬容、更理解、更得到滋養，有時候甚至是被療癒。（頁40-41）

　　無論如何，將一個人及其生命看成一個文本或一個故事是有問題的，因為要冒著看不到人類主體性及能動性的危險。作為人，我們有一種重構我們個人敘事的能耐，讓我們得以對我們的生命及其後的行動與在世存有的方式，產生一個更具有批判性及解釋性的觀點。在本書中，我們認為透過創造一個可以將具有增能及啟發功能之詮釋性解釋及對話交會，都涵蓋在內的涵容性空間，將可達到上述的目的。同時，敘說學習也是一種「生命學習」（life learning），在透過生命歷程進行學習，並且涉及了對於個體的生命故事不斷地進行精煉與修正。有些人的敘事能耐與特性，讓他們更具有反身性（reflexive），並且更願意為了個人幸福及對其生命產生一個更好的視野，而維持一種改變他們故事的開放性。至於其他人則對他們的生命歷程採取一種比較固著的觀點，在這種情況下，他們的生命故事可能變得專橫，結果是朝向僵化與停滯不前，而非生命的學習。

　　在此，我們已經指出了詳細說明敘事及解釋的歷程之重要性，因為此歷程可以服務於這樣的一個宗旨：讓讀者了解針對生命事件的對話，何以可以改變一個人對於他／她的故事座落其內的地景（landscape）之理解。隨著生命被活出來、被經驗並且被敘說，生命故事是可以被改變及改寫的。它們可以被生命事件本身所修訂，如：遭遇到新的想法的撞擊、產生新的意義、閱讀到新的書籍、採取了新的嘗試、不同的歷史時期、不同的地理空間，簡言之，亦即被新的情境所調整。不管有或沒有一個被研擬、被催化的敘事歷程加以刺激，這類的調整都有可能會發生。本來人們就可以直觀的學習，特別是對那些本來就比較具有反身性或者是富有敘事能耐的人來說。有些人他們善於掌握生命所提供的任何機會來對自己的經驗、轉變及意義進行反映。但這種反身性的傾向並不保證學習必然發生。針對目前所討論的主題來說，有必要開創一種可能的空間，讓人們之間可以展開對話的敘說交會，因為正是在這樣的敘說交會中，敘事開始改變。我們

先前已經藉由克里斯多福與喬治的案例對此做了說明。因此，改變是由這類的新刺激所引發的，在此所指的新刺激是指創造機會讓一個額外的生命插曲，或者是對生命故事產生一個新的視角，得以發生。

　　無論如何，每一個新的刺激都會遭遇到既定的敘事框架，所以會有一個重新框架的歷程。敘說學習包括某種協商，最常見的情況是發生在內部，以一種一個人與自己進行「內在對話」（internal conversation）的方式進行，藉由這樣的方式「新」的東西被整合到現有的敘事框架中。考慮一場對話如何在自己與自己之間進行的這件事，或許聽起來顯得怪異或者有什麼詭計。這場對話乃是在自己內部的不同「聲音」之間進行的。個人會按照他／她內部的不同聲音來行動，而這些不同的聲音對個體而言具有不同程度的支配力（可參見第四章我們關於社群聲音的對話）。這些聲音有些來自於先祖，有些屬於一個特定的專業或職業，有些以主導性的社會、政治力量的聲音來發言，有些則是以比方說作為一個家長、一個小孩，或者一個兄弟姊妹的身分來說話；有些聲音出自於一個人的自我（ego），而另外一些聲音則可能代表了一個更高的視野或者靈性的力量。這些聲音在個人內部互相爭辯，並且要求個人按照其發言位置及目的而被敘說出來。因此，重新框架始於內部這些不同聲音之協商，然後個人做出決策哪一個聲音是當時最主導的聲音。這個內部的對話可能導致生命故事中聲音的移轉。口述文獻及生命故事中的聲音轉換已經透過折射（refraction）這個概念成為研究的對象，折射這個概念係用來指稱任何一種波，如光波或聲波，從一種媒介進入另外一種擁有不同密度的媒介時所發生之轉折或彎曲。下面自Allen（2002）作品中所引述的長段文字是個良好說明，可以解釋敘事中的折射作用：

　　視覺調解並且轉喻性地再現了口語及視覺藝術中現實之審美折射，

眼睛執行了一種直譯的行為。就身體而言，眼睛同時是一個開口也是一個器官。肺和胃處理鼻子和嘴巴所吸入之東西；眼睛則執行一個比較複雜的功能：它過濾這個世界進入身體及意識的東西。光線、顏色以及形狀，與其說是被消化的，毋寧說是被解釋的，是由記憶所折射的。雖然與其他身體器官一樣，都受到生理程式化及後天訓練之影響，但眼睛是一個更為主觀、更具選擇性的器官。在自我與世界之間的這個入口處，眼睛可以眨眼、改變其凝視的方向及焦點。但對於耳朵，或者其他掌管邊界的器官來說，則似乎並無此種過濾功能，而眼睛既可以看，同時也是知覺的對象。在其虛構的再現中，眼睛會被當成「我」的代表，代表主體對於世界的認識。它作用的方式宛如不透明的反射體、透明的視框、改變方向的稜鏡、被動的接收者、主動的投射者，或者將意識放大的鏡片。（頁2）

　　順著稍早前關於敘事調整及重新框架的討論，新的刺激從個人的「窗戶」這個框架進入而被折射，一如光波從窗戶進來之後，可能被折射到許多不同的方向。這就是Allen前面所談到的重新聚焦、重新導向及重新解釋，而自我，或說「我」（I），既是負責解釋的人，也是被解釋的對象，既是投射者，也是被投射的對象。確實，Allen對於虛構角色的「反身性凝視」（reflexive gaze）的分析，指出了對於人所棲居的這個世界持續不間斷地重新構思其願景的必要性，而當個體進入對話及反身性的歷程時，將不可避免地會被迫要為此重新構思願景負起責任來，這是一個無限的折射。敘事建構中的「我」是主體與客體之整合，並且讓敘說學習以一種螺旋狀的歷程展開，永遠沒有終點，而具有一個向前、向上的動力。同時，一個人的生命故事整合了從過去到現在及未來的轉變，他或她同時也往前開展了與現在的理解、信念及價值的生命情節。在本書較早的章節中，我們檢驗了生命敘事的時間特性，現在有了折射這個隱喻，就可以來

探討個體何以能夠從不同的視角來解釋、理解敘事結構。舉例來說，在對話者、催化者、批判的同儕，或者一個協同合作者（這些是對話交會夥伴的各種可能名稱）的支持之下，一個人可以聚焦在以下的問題：

a. 為何這些故事在一個特定的時間以這種方式被訴說？有任何的主題浮現出來嗎？這些主題彼此之間如何連結？

b. 該敘事的核心情節是什麼？在這個人的生命中創造出某種連貫性是有助益的嗎？如果是這樣，他／她如何看待他／她故事中的矛盾與缺口？

c. 這些故事是用誰的聲音訴說的？

這些問題讓敘說學習具有嚴謹性和整體性。此外，以多重觀點對敘事進行解釋進一步引發了社會性，包括文化的、歷史的、政治的及個人的，這些人類經驗所涉及各種向度之交流與對話。敘說學習協助對身分認同進行區辨，區辨此認同是繼承自先祖、文化、國家、種族、性別、社群，或者這個認同是受到社會、宗教、政治或其他動態力量之影響，又或者出自一種更為自主、更為持久的自我感受。藉由對敘事解釋及意義生產採取一個嚴謹的取向，敘說學習可以是解放性的，而且可以把那些形塑個人建構其敘事的主導力量揭露出來。這並不是在暗示像這樣一種歷程可以將人從各種限制和影響力量之中真正的解放出來，而是覺察到人們自我敘事中之各種地景可以讓人們得到增能，開始選擇一個比較符合自己本質、認同及其對於世界之使命的生命軌道。

敘說學習具有轉化的潛力，但轉化並不意味著個體的敘事中一定有一個轉變存在。事實上，敘說學習同時也尋求對個人的旅程進行結合，並且讓人們對於他們的整體敘事發展出一種統整感，將過去和現在的經驗統合起來以擬定一個未來的航程。整體而言這種統整並未與一個屬於轉化的進程相衝突。

三 敘事教育學的開拓

在本書中，我們將敘說交會的概念往前推進，建議教育工作應該聚焦於透過敘事交流來促進對話及發展深度的個人參與。因此，爲了發展一個敘事教育學的理論，我們從這個目的來定義何謂教育學，並且將教育學的概念加以拓展，這變成我們很重視的事。

教育學被定義爲「教學的實踐、職業與藝術；同時也是教育的原則或者理論；基於某種理論的教學方法」（牛津英語辭典）。而從字源學（etymology）角度來看，其原始的涵義則是「引領兒童」或「引導學習者」。它是從paidagogos這個希臘字演變而來的，paidagogos意指領導、引導／指導。這種聚焦於教導及以內容爲本之教學的教育學概念，被很多學者批評。舉例來說，第二章所談到Paulo Freire的《受壓迫者教育學》（Pedagogy of the Oppressed）（1970），作者列舉了旨在壓迫人們的「囤積模式」（banking model）教育具有以下的「教育學原則」：

1. 教師教導，而學生被教導。
2. 教師知道每一件事，而學生什麼都不知道。
3. 教師思考，而學生是被思考的對象。
4. 教師說，而學生溫順地聽。
5. 教師規範，而學生被規範。
6. 教師選擇並且強化其選擇，而學生順從。
7. 教師行動，而藉由教師行動使學生有行動的幻覺。
8. 教師選擇方案的內容，而學生（未獲諮詢）接受。
9. 教師混淆了知識的權威與其自身的專業權威，由此她／他阻礙了學生的自由。
10. 教師是學習歷程的主體，而學生則只是客體。

　　很多社會都以一種工具性的角度來概念化教育，怪不得教育學這個概念承載了這麼負面的意涵。故我們想要藉由本書恢復教育學之重要性，教育學是支撐教育活動的一組原則，並且我們想要突顯教師及教育工作者的工作是為了指引學習，以及讓學習者之學習成為可能，是高尚的工作。

　　對我們來說，教育學不只是教導的原則。我們將敘事教育學定義成促使教育旅程發生的催化劑，藉由深入的交會、投入於意義的創生、深度的對話與交流這樣的旅程，學習得以發生。

　　我們提出了一個敘事教育的框架，它包含了四項關鍵因素：

1. 教師的真誠投入，包括分享自身的故事。

2. 深層的關懷關係。

3. 尊重。

4. 愛。

　　敘事教育學始於教師之真誠投入。Parker Palmer（1998）寫道：「好的教學不能被簡化成技巧；好的教學來自於教師的認同（identity）與統整（integrity）」（頁10）。Palmer（1998）接下來繼續闡述這兩個重要概念之意涵。

　　所謂的「認同」，我所指的是一個不斷發展的連結，在這個連結中所有那些構成我生命的力量匯聚成自我這個謎，這些力量包括：我的基因組成、給予我生命之男人與女人之本質、我成長於其中之文化、滋養我以及傷害我的人、我對他人及自己所做過的好事及壞事、愛及受苦的經驗，此外還有很多很多。在這個複雜領域中，認同是那些讓我成為今日之我的內在及外在力量之動態交集，聚斂成作為人類存有這個無可縮減之謎。

　　我所謂的「統整」，是指我所能夠找到的形構及再形構我生命型態的力量載體之整體性。統整要求我分辨什麼可以整合到我的自我性

（selfhood）之中，而什麼則不行，並且我選擇賦予生命以使那些相關的力量可以在我之中聚合：我歡迎它們或恐懼它們，擁抱它們或拒絕它們，朝向它們或遠離它們？藉由選擇統整，我變得更加具有整體性，但整體性並不意味著完美。而是意味著因為承認我之所是的整體而變得更加真實。（出處同上，頁13）

自我（self）之謎是教育及學習的重點，因為好的教學從這開始，而且直到最終，作為人之存有之謎會在教師的敘事中得到反映。這讓敘事交流成為教育學的前提條件，因為學習就是關於如何生成（becoming）。

敘事教育學同時也涉及了深層的關係。在第五章，我們討論了敘事歷程何以是一個將情緒、直覺、靈性都捲進來的全人之交會。教師與學習者之關係是敘說學習的關鍵要素。Noddings（2010）主張關係是本體論的基礎。「人類誕生於關係之中，也陷入於關係之中；這是我們的原始處境」（頁390），而且是透過一個關懷性的關係而接近世界：

我們很願意聆聽別人。在一個關懷性的關係中，關懷者最先注意到的是被關懷者，而且這份關注是接納性的；亦即關懷者將她自身的價值及課題放到一邊，而嘗試去理解被關懷者所表達的需求。（頁391）

用Noddings的話來說，教師就是關懷者，而學生就是被關懷者。教師從其價值觀中撤退，是為了參與到學習者的課題中，這是一種對學習者的敘事採取非評價性的取向，但這並沒有排除教師在參與到學習者的敘事時，加入他／她自己的觀點的可能性。我們並不認為Noddings的主張與Gadamer的整合性偏見（integrating bias）的觀點相矛盾，Gadamer認為在理解他人的歷程中因個人傳統而來的視域，會引發整合性偏見，我們已經

在第五章回顧過這一點。這是因為藉由教師把自身的課題暫時放下，他／她關注於學習者之需求與課題，以維持一種關懷性的關係。同時，為了評估並且對學習者所表達的各種需求做出回應，教師「必須拓展其能耐之廣度」（出處同上，頁391）。Noddings暗示為了使關係完善，學習者必須肯認教師的關懷努力。她寫道：

> 被關懷者的反應是一項互惠的行動，但它不是我們在傳統西方哲學中所熟悉的那種契約式的互惠。被關懷者通常無法對關懷者做出那些關懷者可以為被關懷者所做到的事，而且他也不必承諾此等回報。肯認的行動本身就是一種互惠的形式—完善了關係，並且提供了關懷者身處於正確軌道的堅實證據。（出處同上）

關係是一個包含給予與接受的互動（Hayden, 1980）。在促進性的敘說學習中，教師與學習者分享了彼此的理解、知識、世界觀、價值及個人經驗。藉由這樣的給予與分享，教師與學習者相互豐富了彼此的人性（Hayden, 1995）。

在教育學中的關係及互惠不必然要求平等的對待或一致性，因為個體對於彼此及彼此之敘事的反應並不相同。然而，它確實要求教師採取一種關懷並且敏感的方式來接近學習者。藉由關懷，教育者可以指認出對學習者而言何時對其敘事進行反映，並使用它作為發展其個人特質、指引其生活基礎之適當時機。

敘事教育學是一項邀請，邀請進入另外一個個體之心智、情緒、精神、價值、世界觀、傳統，以及道德與個人難題。敘事教育學也是關於對一個個體之本質、性情、才華與抱負，表達尊重與欣賞之工作。它有賴於教師將學習者當成個人和夥伴來加以對待，並對學習者之自我認識、目前

的需求、敘事能耐及個性、過去到現在之生活經驗及轉化、修正、統一其敘事，以朝向幸福與繁榮之能耐，都能夠保持開放。

有些學者將關係、關懷及尊重，與一個廣義概念「愛」連結起來，也就是說自我奉獻，不只來自於同情，也來自於更高的根源。這就將教育學放到了一個深刻道德努力的領域了，其終極關懷在於促使個體得以充分地、有意義地活出其生命，並且達到所謂「統整」的境地。

教育學是一個道德活動（Carr, 2000）。這是因為不管做了什麼樣的選擇，總是具有道德上的意涵。教師在其教學中選擇了一種特定的行動方式，舉例來說，決定分享個人敘事、進入與學習者之間的一種互惠關係、對班上的學習者表達出尊重與愛，這些都建立在道德選擇的基礎之上。在其他的日常決策以及人們所做的選擇中，同樣也有道德元素在起作用。聚焦於促進性敘說學習的教育學，在很大程度上為教師與學習者提供了一個安全的空間，來檢驗個體在其日常個人及社會生活中所面臨的道德抉擇，並對其想成為什麼樣的人或人類存有進行探索。

敘事教育學最終所敬重的是人類尊嚴，並如Parker Palmer所指出的，旨在協助個體辨明對其人格而言，何者是構成其整體所必需的，並對構成其統整性的各項元素做出決策，以促使每個人成為全整的人。

四 催化敘說學習的歷程

在第五章，我們描述了發展個人敘事的對話及協同歷程。這個歷程包含了一個在敘事、協同合作、定位所構成的迴圈中進行建構與再建構之螺旋，同時在這個迴圈中也包含了理論化及統整的元素（請參見圖2）。形成此一螺旋的系列迴圈是以一個不斷連續並且逐漸加強的歷程而展開的。在我們先前的討論中，我們是以生命史研究的觀點來看待這個歷程。在現

今我們已經探討過教育學及教師的角色之後，我們接下來要說明的是何以一個教師或教育者可以促進此一敘事歷程。

圖2　敘說學習的螺旋過程

如圖2所顯示的，起始點是創造一個敘事的空間。我們的經驗是如果在敘事之前能夠提供學習者一個機會去對其生命故事進行反映，將會是有幫助的。透過這種方式，敘事有前導（preactive）期及互動期（interactive）兩個時期。時間軸有助於在前導期所進行的準備，一如畫圖、人為處理及象徵都是有用的。我們信任人們的創造能耐，他們會使用任何對他們有吸引力的東西。隨著時間的推移，我們見識了許多絕妙的想法，如：將一個人的生命描寫成一則個人的神話；將一個人的生命繪製成一個旅程或一條河流；以各種色彩加以標註的時間軸；以及紀念物與物品的使用等。

為了促進敘說學習，在學習者開始問「我是誰？」、「我成了什麼樣

的人？」、「我生命中的重大事件是什麼？」及更多此類的問題之前，其準備期對一個反映歷程而言實居關鍵。前行動期的工作，包括藉由產生新的事件及刺激來設計折射與敘說協同。在敘事階段十分重要的一件事，是教師或者教育者也需分享她自身的故事。這個動作讓教師／教育工作者成了這個歷程的一個平等地位的參與者，而不是一個專家或者是窺視狂。

敘事之後，繼之以協同合作，故事和詮釋被交流、重訪並重構。協作也可以發生在團體場合，在這裡參與者（教師／催化者及學習者）比較彼此的故事與詮釋，發展主題性及概念性的理解與洞察，辨識出挑戰與困境。協作亦可以用文本（檔案及閱讀）的形式展開，與面對面的討論相較，有可能不是那麼熱烈，但也可能有同樣的協作效果。

當教師／催化者與團體進入一個人的敘事「迷宮」（maze）時，這時候的協作經常顯得很混亂。我們使用迷宮這個譬喻來描繪敘事者對其自身的敘事，經常賦予了各事件之間相互競爭的理解及意義。事件的整理及排序，雖然經過審慎的思考，未必足以反映敘事者自身的理解，或者充分掌握了敘事者的奮鬥與困境。此有賴於每個人的敘事能耐及敘說特性，如同先前所討論過的。關鍵是相信在協同工作的最後，經過密集的交流、對話、質詢、意義的協商、批判協同詮釋，我們可以對事件產生新的詮釋，對個體生命產生新的理解。協同合作此一階段通常是大量延伸討論，以及爭辯發生的時期，因此也是歷程中最混亂的時期。

對於催化者（教育者／教師）而言，領導團體透過這樣一個敘事迷宮的方式之一，是John Dewey所提倡的「敏銳傾聽」（intense listening），用他所謂的「在對話中傾聽」（listening-in-conversation）的方式。Waks（2010，頁5）將此類的傾聽定義成交流性的傾聽，並且寫下：

> 這種獨特的傾聽，不能以分立的、固定的說者與聽者兩極來理解，也

無法以說者現成的內容，甚至現成的詞彙來加以理解。如同他（Dewey）所言：「當A和B共同參與到一場對話中，這項行動是一個交流的行動：兩者都關注它；其結果透過一方流向另外一方」，這種意象，暗示了在一個單一迴路的兩極之間，有股電流將之連結。在這種連結形式的傾聽中，交易的接收端同時也是主動，並目標導向的，而主動端同時也是接受方。這種傾聽是建構性的，不管是就參與者、就其交流內容，甚至是就他們的詞彙來說，都是在對話的施與受之中被建構，或者是再建構。

……

Dewey將人構想為活的創造物，立基於既有的生物及社會條件之上，在每一次的交流中追求新的愉悅與更新。（頁5）

敏銳傾聽讓團體中的催化者及其他人進入敘說交會的相同迴路，並且進入了我們在本章稍早前所討論的互惠關係之中。以這種方式，在對話中的傾聽讓敘事得以在對話及共同協作中被共同建構。因此，催化的關鍵在於鼓勵敏銳傾聽，並且同時讓教師／催化者示範何謂敏銳傾聽。

催化者必須尊重學習者的故事，與此同時，亦要有能耐可以超越學習者的初始故事，以協助他們更深入地了解自己及自身的經驗。教育者／催化者對學習者的關懷態度及親密關係，可以確保在協同工作時能夠理想地提升敘說學習。透過教育者／催化者願意嘗試冒險，邀請學習者及他／她本人進行公開對話；教育者／催化者有能耐提問好問題，並且深度傾聽──除了聽到那些被說出來的東西之外，還能「聽到」那些沒有說出來的東西（參見Palmer, 1998），使前述的目標得以實現。這是關於個體之身分認同及統整性的教學（出處同上）。

與Palmer的立場一致，我們所謂的「統整性」（integrity），是指一種普及與整體的感覺。它是自我性（selfhood）感知放在時間及空間上所

「座落」（located）之處，而且是以其全面的角度及意義而獲得理解。建立可以橋接普世性的情節，是敘說學習的探究歷程中，最重要的教育學路徑之一。

藉由協同合作，學習者將自身的敘事座落在歷史、文化及社會空間中。定位提供了某種理解：為什麼個體在這個時刻以這種方式訴說了他們的故事。人類的故事是個人的闡述及建構，但其「建造」的磚塊，以及某些時候敘事腳本中的基礎成分，都是源之於社會的。故事將特定歷史時期的特徵融入了正在進行的敘事「拼裝」（bricolage）過程，換句話說，故事是由各式各樣的經驗碎片拼裝縫補而成。定位涉及了這樣一個歷程，即理解到時間和社會力量對一個人的故事來說是很重要的。從某種意義上來說，個體無法完全明白什麼是「個人的」（personal），什麼又是被折射的，直到他／她了解到他們的故事在歷史及社會中的位置。定位，因此是一個高度具有教育學意義的歷程，與協同合作一樣，對橫跨各不同生命階段的學習者而言，都提供了各式各樣的教育學槓桿。

然而，那些在教育學上追求讓學習者成長及轉化的時刻，並不必然意味著在個人的敘事上有持續的轉變。在這個時候，教育者／催化者必須展現對學習者的信任，相信他／她不管在敘事層面或者是行動層面，都有追求更進一步目標的能力。這意味著教育者／催化者接受一個人的生命畢竟是他自己的責任。教育者／催化者在針對學習者的生命進行重新工作時，要謹記在心的是，存在、時間與生命這些基本現實是有限的。

要注意的是，這不是一個「階段」（stage）理論，也不是一個階層性的模式，而是一個無止盡的螺旋。人們在不同的位置加入了這個循環，並且以一種螺旋的方式移動，重新造訪其主題及經驗。有一些生命故事進到了理論化層次：對一個人的故事有更多抽象的理解，將他／她的生命與一些已經被表達出來、被哲學思考、被反映過的東西加以連結。這種轉變

可以提供一個起點，為發展一種過更美好生活（對我們來說，是就亞里斯多德式的角度）的策略，或者說出一個統整的敘事，在這個敘事中個人表現出對自己的一種整體感，並且為生命找到了一個可以展現其統整性的方向。我們認為藉由定位、理論化，以及統整這些不同階段的移動，敘說學習可能得以促成轉化。此處的轉化是指，一個人現在可以開始過一種審視的生活（套用蘇格拉底的話），一種良善的生活。但我們要強調的是，統整不是最後的終點，它是旅程中的一個點。新的條件和轉變將會再次啓動學習的螺旋。

對理論化一個生命，並且對自我性發展出一個生態觀點這樣一個轉化歷程的理解方式之一，是以悲傷來類比。兩者的歷程中，個人都必須對自己的處境能夠採取一個較為超然的（理論化的）視角，並且在接受的過程中，對自己個人化的視野發展出一個更加整體性的觀點。在我們的研究及教學經驗中，我們在很多生命來到較後階段的生命故事敘說者身上，看到了上述歷程之作用。舉例來說，在第四章所詳述的克里斯多福的歷程中，當他開始接納自己的死亡時，他也開始用一種新的角度來理解自己的生命。就某種意義上來說，他哀悼自己的英雄式自我，這個自我銘刻出一種生命藍圖以面對童年的創傷。帶著哀傷，他對生活有了新的接納。接受生命可以在不帶著那種壓制性、指導性的聲音的情況下被活出來，在他過去大部分的生命歷程裡，這種聲音支配了他的內在對話。這個聲音是他童年時期的恐懼及滔天的自責之音。透過定位與理論化，他得以看見他整個個人敘事的侷限，並且對於自我性雕琢出一個新的、整體性的視野。

隨著接受一個自我性的模式被解構，而關於自我性的一種新敘事開始浮現出來。以這個角度來看，接受（acceptance）成了教育學上的一個重要關卡。通常，接受涉及理解到私人的、個體的議題其實是更廣泛的人類憂慮的一部分。將個體連結到人性的「主流」（common stream），可以

推動一個人的敘事往前。透過兩個環節移往和解：首先，與每位個體自身的個人故事及精神景觀和解，這是一個接受我們是什麼樣的人，以及我們為什麼對世界形成了這樣的故事的一個歷程；其次，與這個更廣大的世界以及多面向人類境況的和解。

我們必須強調敘事教育學及學習的一種插曲（episodic）本質。生命拋擲了許多的挑戰、轉換、困境、混亂、變化及連續；同時，更廣大的歷史及社會環境也面臨了同樣的斷裂、功能障礙以及臆測。結果，敘事教育學與學習的螺旋就是一種沒有盡頭的運動形式。統整的時刻繼之以模糊曖昧的時刻，轉化的時刻之後由固著的時刻接手。這是一個無休止的「回到蓄勢待發」（returning to go）的歷程，每一次學習的閾值都被提升到一個新的層級，因此，這個成為所是以及轉化的歷程，對很多人來說，也就是一個累積的歷程。這是一種向上的「齒輪」（ratchet）效應。敘事教育學的目的就是去最大化這個累積的過程，用以促進人類的意義創造及幸福。

五 珍妮——敘事歷程的一則個案研究

當Scherto開始與珍妮（Jennie）談話時，珍妮已經五十出頭。珍妮是一項探究敘說交會之影響的較大計畫中的一部分，此計畫探究敘說交會如何影響個體對自身與自己的生活，以及自己在世界上的行動之理解。Scherto與珍妮的談話前後進行約一年，期間共會面了四次，每次會談時間為2到3小時。

珍妮是一名地區護士和團隊領導。珍妮和她的團隊為英格蘭郡議會的老年人提供醫療保健和醫療服務，許多老年人患有長期疾病或患有絕症，珍妮的工作包括探訪住在養老院或自己家中的老人。

珍妮出自於一個中產階級家庭，父親是一個音樂家，是英格蘭某家

音樂學院的校長；母親是一位學校教師，後來成爲副校長。她還有兩名手足，姊姊是「比較漂亮的那一個」，嫁給了一個有錢的商人，最近三十五年都住在美國，弟弟則患有精神分裂症。

珍妮說縱貫她的童年，她都處於一種必須把事情做好的龐大壓力之下。父親試圖教她彈鋼琴，在她4或5歲的年紀，但珍妮說她沒有足夠的天賦，她的父親經驗到了「巨大的失望」（huge disappointment）。後來，她被鼓勵嘗試另外一項樂器——小提琴，由家庭的友人同時也是一位著名的小提琴家教授。儘管珍妮對兩種樂器都不擅長，但她不被允許沒有嘗試就放棄。所以，到她14歲的時候，對兩項樂器來說，她都只達到了第五級的水準，這已經是經過了八年的練習。最後，她的父母允許她中止她的音樂課程。

珍妮進入了母親擔任副校長的小學。她花了很多力氣協助珍妮準備升學考試。不幸的是，珍妮並未通過考試，她說由於壓力及神經緊張，她在考試那幾天覺得自己生病了。因此，這是另外一件讓她感受到「無望地」（hopelessly）失敗的事情。珍妮失去了進入一個文法學校的機會，而且從那時候開始就不再對學業成功抱著任何希望。

與學業失敗的故事平行的，是珍妮的另外一條故事線，在同一世代中，她是一位受歡迎的女孩，而且與同儕之間有堅固的友誼。透過會談，珍妮似乎認識到她「天生就非常擅長於與人相處」，而且她可以與任何人都處得來，小孩、成人以及各行各業的人。她是家中唯一一個可以與精神分裂症小弟保持聯繫的人。長大成人之後，珍妮仍持續定期探望弟弟，並做好對他的照顧。

但是，在珍妮的敘事中，學業的失敗仍然是一條強有力的故事線，她不斷提及這個話題。這一條線及她有志於人類的福祉並且很容易接近別人的能耐，形成了建立她的主要故事（作爲一名護士及關於照顧的故事）的

兩個重要脈絡。

　　如珍妮所說的，在對學業缺乏任何信心的情況下，她在16歲離開了學校，帶著通過五個科目的中等教育普通證書（GCSEs）離開，其中一科是她最喜歡的科目英文。她花了幾年的時間旅行，並在酒吧和咖啡館工作以支持自己的生活。在這個休息之後，她決定要受訓成為一個護士，並自此以後都是從事護士的工作。當Scherto問到為何當初想要接受護士的培訓時，她初始的反應是護士工作不需要任何學術成分，而比較是動手做的工作。

　　過了幾年，珍妮認真提升她作為一個護理專業人員的技能，並精進自己的專業知識。她總是熱切地學習新的事物，並且是一位狂熱的閱讀者。珍妮現已獲得高級護理資格；她是一名NLP（神經語言程式學）治療師，合格的輔導員和催眠治療師。她還練習瑜伽和冥想，並打算以靈性取向來協助年長者，特別是那些身患絕症的老人。在她的工作中，珍妮竭盡全力幫助他們和他們的家人為邁向死亡的旅程做準備，並協助倖存的親人學會度過悲傷。

　　珍妮沒有結婚，沒有孩子，但與一位長期伴侶生活在一起，對方是一位匠人。他們從17歲起就一直在一起。在她的業餘時間，珍妮讀了很多書，並協助孤獨的年輕媽媽們。她是一個小男孩查克的教母，小男孩的母親是一個年輕女性，住在一個為無家可歸者所設的宿舍。在某個聖誕節，珍妮到宿舍做志願者時，這兩個女人認識了，珍妮協助了查克的接送。從那以後，她一直是這位年輕女性的導師與朋友，並發揮了正向的影響力，她現在是一名合格的美髮師，並且獨立地撫養查克。珍妮說她不想生孩子，因為世界上已經有足夠的孩子讓她愛和關心。與查克的親密關係滿足了她的母性需求。

　　Scherto和珍妮的對話協作，把焦點放在學術這個概念，分享了學術

對他們各自的意義為何。Scherto分享了自己作為一個學者的故事，她作為一個研究者及學術作家如何成長。相反地，珍妮認為學術是一個排外並且異化的世界。Scherto分享了她對珍妮的觀察，珍妮顯得非常善於表達，並且很有想法。她對自己工作及生活的反思性及深刻的洞察，顯示她有高度的智識能力。這些對話讓珍妮意識到，帶著些許的不情願，她在高級健康照顧管理資格、NLP課程，以及諮商資格方面的培訓與豐富研究，都可以算是學術性的表現。

這些對話形成了他們彼此協作的基礎，以及將珍妮的學業失敗故事放在更大的教育系統裡面來看，教育系統執迷於考試的結果以及智識上的成就，將這些當作「成功」（success）的唯一測量尺度。以珍妮的話來說：「它完全忽略了學生是一個完整的人，忽略了人類天賦的多樣性」。在他們後來的對話中，珍妮解釋了其態度的轉變：

　　我從來沒有將我所做的事與任何學術扯上關係，也從來不會將我自己看成是一個知識分子。或許現在我已經能夠不要太蔑視學術了。不管怎麼說，這個詞彙都非常的狹隘，它的旨意就只是要把許多人趕走。就像你說的，我所反對的並不是智識性的思考方式。很多年來，學術對我而言都是一個詛咒。它總是關於針對某個東西勾選正確選項，而與我真正關心的事情完全無關。事實上，它可以是很激勵人的。我必須說如果NLP課程不是讓我們閱讀理解那些關於神經歷程、人類行為型態以及語言如何支配我們的思維等文獻，我就不會這麼享受這個課程。如你所說的，這是高度智識性的內容，而我喜愛閱讀智識含量這麼高的書籍。所以，我可能會對智識性的東西更加開放，但我從來不認為自己是一個學者，至少，不是為了成為一名學者。

他們的對話也讓珍妮對自己的職業選擇，以及她迄今所過的這種生活，帶來了非預期性的理解：

　　很久以來，我都是同意我爸媽的看法，因為我早年學業上的失敗，所以我選擇了護士這一個比較是動手做的職業。現在我不是那麼確定了。你知道嗎，我真的認為如果我先前在學業上成功了，我還是會選擇它。我記得在受訓的時候，有人曾問過我：「你如此能幹，你有想過要培訓成醫生嗎？」當時，我的回答是「噢，我沒辦法應付那些學術之類的東西。」回頭看，我知道我不想成為一個醫生，是因為醫生這份工作不會讓我與我關心的人有這樣的互動。

　　……

　　護士更適合我。我喜歡照顧人，特別是那些脆弱、無助的人。我並不是想要成為一個拯救者或者英雄。我確實知道某些社會工作者共享了這種心態。我熱愛護理工作，因為我相信每個人的生命都值得享有尊嚴，護理及醫療保健的工作是一種協助人們維持尊嚴的重要方式。這就是我真心想要做的事，如果你喜歡的話，也可以說是一種使命。這也是我發現最有意義和得到最多回報的工作。你看，那些我服務的人們，通常都會慷慨的回報。他們回報我以一種尊重、感激以及懷抱著愛的態度，當然，還有友誼。我無法想像有任何其他工作可以讓我這麼深刻地表達我自己的信念，以及讓我之所以如此投入的東西。

　　你聽過健康照顧的同情嗎？它聽起來像一個新的流行詞彙，但它要說的是，在健康照顧系統中融入人性的向度是重要的一件事，沒必要搞得很複雜。有人界定它是一種人的質地──理解別人的受苦，而且想要對此做點什麼。這是一種對兒童來說很自然的質地。護理界的很多人都這樣做了。舉例來說，它可以是這麼簡單的事：在你與人談話，或真的聆聽對方

的時候，握住這個人的手；不是只把我們面前的這個人當成「病人」而已，而是把他們看成是我們可以協助提升其生命品質的人。這有點像你在談的教育學—我做的是去催化一個歷程，讓人們得以賦權以重申自己的尊嚴。

重讀珍妮的敘事以及Scherto與她的對話，珍妮和Scherto兩人都同意其敘說交會鞏固了珍妮長期以來所持有的信念和價值。同時，轉化也發生了，不是以一種戲劇化的方式，而是透過發展珍妮專業與個人的統整而達致的。珍妮總結說，敘事交流讓她了解到，她作為一個護士的工作與她身為一個人的生命其實沒什麼分別。她滿足於她能夠過上這樣一個統整的生活，而且也將會持續這麼走下去。

六 對話與反映

Scherto：本章，我們的焦點是發展敘事教育學。我們明瞭要在一個有限的篇幅裡，展現催化的歷程是怎麼進行的，並不是一件容易的工作，我們選擇了珍妮的敘事作為一個個案研究，來舉例說明她的聲音如何透過對話互動而有了轉變。你是否認為透過這個摘錄，我們已經讓讀者品嘗到了敘事教育學工作的味道？

Ivor：對，也不對。你和珍妮的對話集中在所謂的「學業失敗」，這似乎在她的敘事中佔據了很大的篇幅。這個主題之所以吸引你，是因為你自己有學術界的背景，以及你對學術這個主題的興趣。換做另外一個對音樂或對健康照顧議題有興趣的人，珍妮與其他對話者之間的對話，可能會把鏡頭放在其他焦點上。這顯示敘事教育學不會脫離教育者／催化者的身分認同與本眞性，如同我們先前所主張的。就這層意

義而言，讀者確實體會到敘事教育學的某種味道。

Ivor：它並沒有展示出敘事教育學的歷程。敘事摘錄並沒有提供任何關於深層傾聽是如何進行的洞察，你們兩人是如何通過協作階段的混亂歷程，以及爲了將敘事座落在英國教育體制的更大的歷史與政治脈絡中所做的艱苦交流。此外，你的摘錄也沒有讓讀者了解到，我們在本章所試驗地提出廣義病理學可以如何在教育學的介入中起作用。

Scherto：我還想加上一點。它曾經在珍妮對自己身分認同及能動性的反映中發揮作用，當時似乎有一個我們先前討論過的「第三聲音」（third voice）浮現出來，第三聲音突顯了透過協同合作的努力，我們在知覺及理解方面的轉變。浮現出來的是「視域的融合」（fusion of horizons），超越了我們兩個對話者的單一聲音。因此，透過敘事教育學，一個新的理解被發展了出來，而這個新的理解並不是兩個分立部分的總和。因此我的感覺是，它在發展新聲音這方面起作用，但到底是哪裡尚未說明清楚，以致不能提供讀者一種敘事教育學的味道？

Scherto：無論如何，這確實顯示出我們的敘說交會讓我們立即鎖進了非常流暢的敘事流之中，並且在「學術」這個主題上，有非常強烈和主題豐富的交流。它們爲第三聲音的發展提供了豐富的土壤。這進一步給了我們一個機會來到這裡：她的抽象思考讓她意識到她的生命與工作的統整性。

Ivor：然而，其他的敘說交會就要來得稀疏和零落得多，只有偶爾點綴了主題性的豐富與強度。在這種情況下，協作的進展會從一個不一樣的地方開始，並且用不同的方式發展。

Scherto：即便在我與珍妮的會談中有主題性的熱烈，她和我仍舊在對話中走了一段蜿蜒的長路。事實上，對我來說這也是一次深刻的體驗。

一份簡短的摘錄，並不能讓讀者看到我對於自身敘事以及教育產生了理解後的新視角。這讓我想起我的一位同事Laura Formenti，她曾經對我說過：「協助學習者或參與者完成他們自己的敘事，宛如分娩的過程，而敘事教育工作者則有如助產士。」我可能會進一步提議，教育工作者和學習者雙方都對新敘事的「生產」有所貢獻。

▍問題討論

本章的主要任務有兩個層面：澄清我們對於學習的定義，並且發展一個敘事教育學的理論。針對前者，我們關於學習的概念聚焦於人類的發展上，包括培養讓人們成為（或者在未來轉化）更富有人性的人，並具備必要的質地或美德。針對後者，我們提出了一個由四個要素組成的架構：在教師的真誠投入中所揭示的教師的身分認同與統整性，深刻且關懷性的關係，最廣泛意義上的尊重與愛。

我們也說明了促進敘說學習的歷程，藉由說明敘事階段的螺旋歷程，以及其與學習和教育學之間的關聯性來完成這項任務。以敘說學習的本質來說，我們指出有時候教育學的焦點在於轉化，另外一些時候則在於鞏固。敘事教育學尊重個體敘事及學習之旅中的這些不同運動。

珍妮敘事之旅的個案研究，激發了一些我們已經提出來討論的問題。然而，仍有一些問題待解：

- 在我們所提出的敘事教育學的架構中，有沒有什麼可以促進學習的關鍵因素被我們遺漏掉了？
- 敘事教育學可以應用到哪些情境中？
- 我們重新引介了「第三聲音」的概念，對於如何提升每個人的自我了解以及發展他們的能動性來說，這是一個很重要的元素。敘事

教育學如何鼓勵「第三聲音」出現？

• Scherto與珍妮之間的對話，也是日常生活中朋友同事之間會發生的對話。這是否意味著每個人都可以催化敘說學習？

▌延伸閱讀

Cohler, B. J., & Cole, T. R. (1996). Studying older lives: Reciprocal acts of telling and listening. In J. E. Birren & G. M. Kenyon (Eds.), *Aging and biography: Explorations in adult development* (pp. 61-76). New York: Springer.

Dominicé, P. (2000). *Learning from our lives: Using educational biographies with adults*. San Francisco: Jossey-Bass.

McLaughlin, D., & Tierney, W. (Eds.). (1993). *Naming silenced lives: Personal narratives and the process of educational change*. New York: Routledge.

Munro, P. (1998). *Subject to fiction: Women teachers' life history narratives and the cultural politics of resistance*. London: Open University Press.

Noddings, N. (1991). Stories in dialogue. In C. Witherall & N. Noddings (Eds.), *Stories lives tell: Narrative and dialogue in education*. New York: Teachers College Press.

第八章
敘事：在社群中學習及生活

洪慧眞譯

　　我們的生命不斷受敘事纏繞，受那些我們所說、所聽說的故事、以及那些我們夢想、想像或想要去說的故事纏繞，所有這些都將再現於我們的生命故事中，並使我們以一種特定情節敘說我們自己，有時候是半清醒的、但實質是不間斷的獨白。我們活在敘事、述說及對過去行動意義的重新評估中，並預知未來計畫的結果，將我們自己置身於數個未完成的故事路口。

　　　　　　──Peter Brooks（1984）《依情節來閱讀：敘事裡的設計與意圖》

緒論

　　在檢視敘事作爲一個研究方法，以及探究其在學習上作爲一種教育學觀點的潛能後，最後我們試圖建立敘事教育學的理論。

　　本章的目標有三點，如下。

　　首先，我們回到本書第一篇，檢視敘事概念的根基及方法論的挑戰，並且回顧本書第二篇有關敘說學習及教育學的反身性本質（reflexive nature）。接著，我們進一步將探究延伸至道德和倫理面，藉由與人們的敘事、記憶及理解協同工作，我們認爲它有助於改變個人、團體和社群在社會中互動和共存的方式。敘事重建不只是對我們自身故事的再訪和重組，也包含我們的道德存在感，它提供群體或社群一個基礎，藉以反思和鞏固他們的整體性及幸福感。

其次，我們帶著對敘事的討論，聚焦於認同發展的社會過程、能動性、人們行動與承諾，我們將使用一個例子來檢視這些主題，看在師資培育如何以群體脈絡進行敘說學習。

最後，我們看到敘事教育學和敘說學習在其他場域更寬廣的意義，包含集體記憶、寬恕工作的敘說學習及衝突轉化、懷舊工作等等。

一 敘事性理解、個體能動性及社會行動

本書一開始，我們回顧了敘事的本質及定義，並建議有些敘事的概念根本上即是人性。它是使人們活著的生活有意義的重要工具，並且運用敘事性理解能檢視或引導人們持續進行的經驗。這個新理解的再現是透過我們說的「第三聲音」（third voice）。為達到此新視野，我們提及需求一種親密關係以及一個敘說交會的張力過程，意即在許多不同階段與他者交會包含另一個不熟悉或不認識的他者。

為了理解及分析敘說交會的差異性，必須先區別「前導敘事歷程」（pre-active narrative process）、「互動敘說交會」（interactive narrative encounter）及「後互動反映」（post-interactive refection）或「敘事再建構」（narrative re-construction），第三部分我們稱之為「後半生」（afterlife）。我們的論點是參與者（在敘事及生命史研究場域）、學習者（在教育脈絡中）或是對話者（在每日的對話情境裡）的前導敘事特性（narrative character）是很重要的變項，它決定了主題豐富性，當它有好的呈現往往產生教育或轉化的潛能。因此，敘事教育學的目的是促進敘說交會，其中最重要的是需要敏銳覺察這些前導敘事特徵。

在互動敘說交會當中，關懷、尊重、關係和對話過程中的誠信，這些是我們認為很重要的品質。傾聽（特別是深度的傾聽）是使個體產生新

洞見與新理解的關鍵，情感、同理、直覺、同情心及想像力等也是很重要的。這些特性錨定人們敘事當中的價值觀、倫理和世界觀。後互動反映像是敘說交會的來生，在敘說交會結束夠久後，參與者再思索這個歷程並反思當中發生的事。

對於不同敘事能力的討論，需要在整體位置當中來理解敘事這門知識，要把敘事作為一種知識的困難之一是，西方社會對這種知識的看法。Bruner（1985, 1990）質疑當時知識有兩個主要典範（dominant paradigms），一個是邏輯科學形式的知識，他稱之為「典範認知」（paradigmatic cognition），另一個是敘事形式的知識或「敘事認知」（narrative cognition）。許多學習及課程理論是依循邏輯科學形式的路徑運作的，因此，要轉變成為對敘事知識（或者以我們的話來說是「敘事理解」）進行仔細討論，那麼就必須要對這種新知識的方式發展其哲學及社會學的基礎。

典範認知的運作需要某種程度的抽象化和去脈絡化，藉由將事件歸屬至類別或概念，並在這些類別和概念中建立它們的連結，個體的存在是以其在何種類別與歸屬而論，並且可以依據這些類別共同的特性被概念化，而這些分類的類別可以被量化調查（如邏輯科學模式）的假設驗證模式抽取出來。

敘事認知運作完全不同，我們要認識到，人類能動性和行動來自個人先前的學習和經驗（他們的前導敘事）、當下情境脈絡以及未來導向的目的或目標等三者的互動，敘事認知不會將理性、情感和其他方面的知識分割對待，它更全人地涵蓋人的整體性。

人們能夠理解結構，是依據個人在故事當中的定位來放置時序連貫（chronological coherence），敘事認知涉入了這個過程。Czarniawska對敘事認知類型的定義具有一個優點，即生命故事是要「把個人史的敘事放置於社會史的敘事中」（2004，頁5），我們也認為個人敘事發展過程要放

在「脈絡理論」（theory of context）或歷史「定位」（location）。一個人想了解他或她自己的故事，必須連同歷史情境下的社會建構要素一起了解。

假若我們同意在西方社會中敘事認知過度被忽視，或是只能從屬於典範認知之下，我們應該主張對生命敘事進行強有力的復興。敘事應該被置於教育學努力的核心，讓我們從這種利益來進行理解，在後續被固定和再置之前，前置的生命故事如何可以多種不同的形態來組成其自身。

敘事提供人們深刻反思及詮釋框架，來理解生活經驗、壓力、轉變及連續性等。無論它是否有研究困境，或是能成為個人發展的教育學，敘事不是一系列可以簡單遵循的程序，反而它在不同層面上為交會創造了機會，包括分享個體的努力、情緒和動機等。有鑑於教育性交會中涉及人的變項，如同我們之前所說，這是無法被程序化的。有時過程十分有秩序且幾乎具常規性，但有時候它又變成混亂甚至是混沌的。這時了解交會的本質及我們涉入時的渴望，才有可能避免的。

在第一章，我們簡要回顧MacIntyre的努力，他幫助我們理解敘事如何使人們有可能進行解釋及完成行動，並且從個人所在和較大的歷史脈絡來定位個人的位置，因此我們總結本書前幾章所提到的觀點，如下：

> 這鞏固了生命與敘事之間的相互構成關係，即生命是敘事的基礎，敘事提供了生命的秩序、結構和方向，有助於以更豐富、更統整的方式發展意義。（第二章）

我們進一步地將敘事教育學置於人類敘事與自我性（selfhood）的倫理範疇中。Schweiker（2004）說明倫理的需求在「全球化」（globality）脈絡中的必要性，如下：

　　全球化，產生自二十世紀血腥的政治、種族、經濟和殖民衝突，進而將世界視爲一個整體。當中我們每個人誰未感受到殖民，甚至是生活的矛盾？（頁14）

　　Schweiker因此提出人性面對的挑戰，這使人類的完整性產生危機：

　　全球化的年代，所有生活的形式──從分子結構到雨林，勢必都與人力的擴張和使用密切相關，故現在生活的完整性受到威脅。（頁16）

　　因此，問題是人們如何回應此新處境，以便能持續促進人類的福祉，同時又可讓圍繞著我們的世界持續發展。

　　本書中，我們從倫理的觀點關切人們的能動性，並提出對於人類面臨的挑戰尋求一個倫理的回應，這是全球時代的首要任務，而我們所謂的「倫理」是關於什麼是好的，以及爲個人和更廣泛的社區做什麼是正確的。如同Charles Taylor和Schweiker所認爲，人類的互相靠近和意識層面的擴展爲協商時的意義性提供了更多的道理空間，但最重要的是「我們要重視行動的理由，而非事件的原因」（2004，頁22）。

　　敘說交會和對話交流的方式用於對個體自我檢視和道德的審視並不新鮮，根據本書引用的作者，像MacIntyre、Ricoeur、Charles Taylor及其他作者等，對於敘事和道德自我之間的連結都已具備一套堅實的哲學基礎。根據這些作者的觀點，由於道德原則是被建立的，那麼道德原則和倫理便不能脫離人類敘事，它們是從人類生活的敘事建構中找到的。這可以追溯到我們早些時候對MacIntyre的引用，他們認爲人類基本上是講故事的動物。他寫道：

人存在他的行動和實踐中，以及在他的小說中，人基本上是一個講故事的動物，他不是在本質上，而是透過他的歷史，才成為一個渴望真理講故事的說者。（1984，頁216）

對上述的一種解讀是，人的統整性是要達成和諧，被講述的個人生命、在這個敘事中表達他所感知的自我性，以及他或她在世界中的行動，這三者之間達到一種和諧。

三　傳記在師資培育的應用 —— 在社群中學習

藉由會話進行對話交會和敘事交流，可以開展意義，並幫助個體理解其能動性，來處理當地、社會和政治脈絡下的個人及道德困境。透過這個方式，敘事本身成為倫理論述與敘說交會之所，一個倫理空間。到目前為止，我們認為透過敘事來進行學習也就是在社群中學習（藉由與他人的相遇、互動和對話）。在這個主張中，我們假設學習者其本身就是足智多謀的，他們可以藉由自我教導而學得，並且也可以幫助其他人學習。Palmer（1998）認為這是運用社群學習的一種方式。我們現在提供一個案例研究，說明這個過程中，教師（促進者）和學習者二者是如何進行的。

本案例研究的背景是在英國一所大學的碩士教育研究計畫，自2006年以來，Scherto一直是該計畫的主持人。碩士教育學位是具課程彈性與以研究為本的學位，大多數學生都是兼職的成年人，他們是教師、教育工作者或打算以某種方式促進他人學習的人。此計畫允許參與者透過與群體的互動、個人對文獻整理、領域的實證研究（或職場探究）等，來建構他們自己連貫與統整的學習經驗，計畫的核心教學是透過研討會、小組會議和與導師的一對一的指導。首先藉由參與者書寫自己的學習傳記，以進行自

我學習的探索，此計畫包括個人傳記以及對個人學習的解釋和理論化。

這裡使用的學習傳記（learning biography）概念是基於Dominicé（2000）對教育傳記（educational biography）的定義，是一個成年人對他或她的學習生命歷程的解釋，此方法也受到日內瓦大學Dominicé教育傳記研討會設計的啟發。正如我們前面所討論的，個人生命經歷涉及時間和歷史階段，以及脈絡和歷史定位。在研究學習方面（就像任何社會實踐一樣），重要的是要建立對背景、歷史、社會、文化、政治的理解，因學習就發生在這裡。這意味著學習故事如果只是透過個體個別化敘述，並不足以理解社會及歷史的脈絡，而是透過故事敘述者之間的協作、對話和互動的方式，才可以對每個活著的經驗達到更好的理解。如此，意義更有可能成為互為主體性（intersubjective）（Taylor, 1998）。

為使參與者能夠探究他們生命中的學習，計畫內包含如下：

1. 催化者向小組介紹學習傳記計畫，包括該計畫的目的、生命史故事和傳記的方法論，以及不同的學習理論和學習概念，也介紹成人學習領域使用生命敘事的文獻，以及部分其他學生學習傳記計畫的案例。內容豐富的案例讓參與者了解，在反思個人的敘事上沒有正確或錯誤的方法，相對地，他們鼓勵個人的創造力並尊重他們的思維和敘述方式。

2. 參與者準備（前導敘事歷程）並分享他們在學習上個人經歷的口頭敘述（互動敘說交會）。這個敘述的過程裡團體會關注任何與學習有關的經驗，包涵參與者知覺到從童年到現在、從正式學習到非正式、偶然和意外的學習。這種分享的一個關鍵是，教師（催化者）作為小組成員，也提供他／她自己的個人敘事。參與者經常帶來他們為這個場合準備的文物，這些常會是不同時間軸的明信片、學習旅程的繪畫、個人重要的物品、創意書寫（如詩歌和照片）等。另

　　一方面是參與者參與的態度，在敘說層面上觀眾必須全然地投入當下與專注，並呈現安靜、開放和接納的態度，使敘說者能說出他們的故事。

3. 在最初的敘述之後，參與者彼此提供和獲得回饋。這是提出問題的時候，並且以相互支持的方式探討關鍵事件和過渡時期；這也是合作的過程，它需要每個人對其他人的旅程開放，以獲得其他旅者的觀點，但也要發展批判性的自我反思。

4. 然後參與者開始準備一份書面的敘述草稿。個人選擇他們想要關注的故事或小插曲，以突顯他們生命經歷與活動以及已發展的學習之間的關聯，這些關聯的清晰度是對他們的學習進行理論化的基礎。這個過程包括與導師和同伴的對話、協作性的詮釋和分析，以便在他們更寬廣的歷史時間、政治脈絡、社會和文化的實務中定位個人的故事。

5. 在第二次工作坊裡，參與者向小組提交他們的書面敘述草稿。理論化是分析和詮釋、批判性自我反思、閱讀和對文獻批判性討論的結果。儘管這個過程優先於小組工作，參與者也一對一地與他們的指導者（導師）密切合作。導師建議閱讀題材及協助參與者朝向理論化邁進。

6. 最後完成的學習傳記（後互動反映和敘事再建構）的結構包含敘事章節、對生命經驗學習的理解和詮釋、根據學習理論進行的分析，以及參與者在教育碩士研究和課堂實務當中或之外所關注的內容。

　　以此方式，最後書寫的學習傳記依據前述每一個階段統整了參與者的學習，捕捉敘事的豐富性，並且從生命經驗中構建了意義。在此，我們使用安妮的敘事重建來說明與團隊對話與交流的重要性，影響她塑造對自己經歷的理解以及她如何看待自己前進的方向。

　　安妮描述在這個過程裡，她第一次沒有預期地開放了自己的情感閘門。她對小組中七位同儕及催化者Scherto敘說她的經驗，安妮使用時間表來協助她自己講故事，她最初的敘述是線性的，主要集中在她自己作為學習者的教育經驗上，較少敘述自己是一位教育者。

　　安妮在英格蘭西部鄉村地區長大，在1960年代初就有一個快樂的、自由自在的童年，她是一個具有藝術和創造性的孩子，總是畫畫及手作美麗的東西。與她青春期早期的困惑相比，這個階段她是一個敬畏和凝視天空的年輕女孩，過著無憂無慮的生活。她所就讀的中學是僵化的，僅給予安妮很小空間表達她的好奇心或探索她對自己和世界的問題，加上在學校被霸凌的痛苦，導致對學校教育感到失望。在她15歲時，憂鬱悄悄逼近她，她的父母不得不讓安妮離開學校並嘗試在家教育。當安妮有了第一次自我教育的經驗，並且（無意中）使用藝術做為自我治療的一種形式，那似乎有助於她走出憂鬱的黑暗。

　　她20歲出頭時陷入戀愛並且結婚，對安妮而言，那是生命的真正禮物。她的先生是一個愛爾蘭男人，生長於工人階級家庭並有十一個家人，他是安妮生活中的情感力量，這個支持使安妮有勇氣在25歲時重返正規學習。由於之前沒有優異的學業成績（例如拿到A）去證實她的學業能力，安妮被安排到一個「評估」的課程以便適應學業環境，這使她對大學生活的期望感到緊張和有些害怕。當她開始大學課程的學習，害怕癱瘓了她，並且她幾乎花了將近五年的時間才完成了她的心理學學士學位。

　　在安妮能夠以她新的資格找到工作之前，她進入了一個快樂但充滿挑戰的生活階段——母職階段。隨著她的女兒長大的同時，安妮擔心女兒重複她在學校發生的經歷，因此她決定創建一所以提供理想環境為目標的學校，使她女兒和其他的兒童能成長茁壯。不幸的是，此時恰逢導入國家課程，並且標準成績測驗（SATs: Standard Attainment Tests）準備成為學校教

育的重點，這使得父母想要開辦學校成為鼓勵孩子自己的心智和培養他們的好奇心的教育目標更加困難，但是安妮和其他人把所有需要的資源整合在一起，這幾年來，這些父母創辦的小學校獲得了成功，成為許多孩子及其家庭的家。然而，美好的時光並沒有持續下去，最終學校失去了土地使用權，被房地產開發商收購，學校於是被迫關閉了。

學校關閉後，安妮和她的家人從他們的農村家鄉搬到了海濱城市，她經歷對一個新地方的陌生感，但也因為人們開放的態度，以及大都會環境中具有文化的豐富性和多樣性，使她對許多新的展望感到興奮。此時，安妮被一位朋友介紹修習研究所碩士學位的可能，他也給了安妮新的力量和回歸正規學習的願望，安妮再次面臨到學校就讀的恐懼，並懷疑自己是否有能力完成學業。

在安妮的敘述之後，小組最初的反應是沉默，每個人都感受了安妮故事中的情緒，同時，似乎每個人也都在進行一個更深刻、更具反思性的過程。在此，「其他人」如何理解安妮對她自己學習旅程的概念，和她對自己的理解以及她是如何表達自己的學習和行動是等同重要的。

經過一番平和的反映後，小組成員向安妮提出了一些問題，邀請她對故事中不同的情節和關鍵事件給予更詳細的說明。在初始敘述階段，一個基本的規則是，團體以非指導性的原則參與安妮的故事，換句話說，在此階段，小組成員的角色是在協助安妮從她那裡來更加了解她自己的經歷，而不是對她的經歷進行詮釋。向安妮提出的問題和意見包括有：「請你解釋多一些，當你在家自學時，你是如何自我教導的？是什麼讓你感覺到你自己的？」或者「你可以告訴我們，你為什麼選擇學習心理學嗎？」或是「你在大學的學習是否對你發展小型學校的價值觀有所影響？如果是這樣，那麼是怎麼做到的呢？」敘事提供一個空間，讓安妮的故事被接納、被傾聽，並且被尊重地探究之。

　　在每個參與者敘述他們的經驗、並有機會進行一些初步與非指導性的探問之後，該小組進入了協作階段，進一步就意義和方向進行相互探究，如第七章所示。透過這些合作努力，安妮和她的同儕認爲有一個持續存在的主題貫穿所有她的故事，這個主題是「無論何時安妮的生活有了改變，她似乎有一種不屈不撓的追求學習的欲望，或是被推動著開始某種學習之旅，不管是正式或非正式的，還是自我導向的學習」。安妮對這個解釋感到驚訝，因爲她正在努力解決自己在教育方面的困境。另一方面，她嚴重懷疑在正規教育環境中學習的方式實際上可以爲個人發展提供任何空間，因爲似乎所有的重點都放在學科知識，而非人的發展。另一方面，她確信透過學校教育，在大學裡接受高等教育的正式學習，能得到很好的協助，對個人成長確實至關重要。然而，她早期痛苦的學習經歷和對失敗的恐懼佔據她的心，阻礙她充分參與學習本身。

　　大體來說，小組成員分享了安妮對學習的焦慮，以及它可能開放給個人的發展機會。隨著安妮更深入地理解她的經歷，每個參與者也探究了他們自己生命當中的幾個關鍵向度。根據Palmer（1998）的觀點，這個過程並非爲了解決問題，而是爲了成長而播種。傾聽彼此及自己內心，是在社群內進行敘說學習的關鍵。

　　作爲碩士課程計畫的參與者，安妮的口述學習傳記只是一個開始，她繼續寫下這些選定的小片段，然後將之發展成學習傳記，寫下來自同儕和導師的書面評論和反饋，以持續自我探究的社會過程。接著進一步與她的個人導師對話，鞏固她對學習的理解，也有助於確保安妮在學術機構中學習的能力。最後對於安妮學習傳記的理論化，主要聚焦於對眞理的不屈不撓，包括好奇心、涉及承諾的動機和情感的依附等，這些促使安妮的終身學習。正如安妮形成的概念那樣：「學習是一種形成性的過程，涉及在某刻作爲人的經歷，有意識地和充分地活在當下，並朝向眞實人類的道路前

進」（摘自安妮的學習傳記）。

在小組中分享個人學習傳記，讓安妮重新審視她在碩士課程和在職業生涯中的學習重點。安妮沒有傳統的教學資格，在獲得碩士學位時，她沒有在教育機構內工作，所以在就學期間和之後要做什麼的問題為她帶來了不確定性。在一個小組內給安妮機會與同儕一起「放聲思考」（thinking aloud）這個問題，這些同儕願意傾聽並給予安妮她所需要的支持，以便對她自己目前的故事有良好的理解，以及找到未來的方向。安妮的決定是將她的研究重點放在中學教育的藝術活動，了解其對兒童情感和社會發展的影響。為了做到這一點，安妮自願到城市貧困地區的一所當地學校，並為具有挑釁行為的年輕人創建一個藝術課程。最後，她成立了一個成功的慈善機構，為當地學校提供此類課程。

安妮和她的同儕稱這是他們正在展開的故事之一。事實上，敘說過程允許這些人改變他們的故事，同時，新的意義和詮釋的產生使他們有機會根據個人需要進行改變。教師和教育工作者展開的故事似乎與幫助學習者實現其潛能和福祉息息相關。

教師協作書寫學習傳記是一種自我研究的形式，它促進一種望向內在和反身看待自己的敘說過程，這反過來又可以向外看，對他人開放。因此，教師能夠在社會和政治脈絡下發展對自身、職業、學習和需求的進一步理解，這個過程使他們的關注更加明確，得以將他們的教學和學習奉獻給善，作為教師自己的善、作為學習者的善以及更廣闊世界的善。

三 敘事的力量──活在社群當中

許多學者視敘事為一種廣泛的概念，而非侷限於個人經驗及個人的故事。如同本書前面所提，敘事可以是一個更通用性的專有名詞，包含回

憶、神話、使命、夢想、故事、歷史、信念、宗教和傳統信仰、價值觀、概念、影像、實務、性、政治、制度、解釋及理論等。它們是構成我們是誰以及我們在世界上做什麼的重要元素。同時，所有人在特定的敘事中成長，因此對於他／她自己或他者的理解也與他們的敘事相關聯。敘事對於我們的理解提供一個架構，同時也對理解的可能性帶來限制。在本書中，我們認為敘事並非分析和詮釋的產品或目標，而是一個對話性、互惠式的交會（包含與他者、或與另一個自己）和學習。

敘事是一種大眾社群建構意義的方法，並且是人們自己或與他人共存很重要的一種表達。群體一起共享敘事榮耀了我們彼此中的人性，在透過關係與真實傾聽讓人們相遇產生交會和開放性。最後，就如同我們所指出的，藉由交會人們相互連結並且使某個社群逐漸成形。

根據Richard Kearney（根據其與Victor Taylor的對話）曾說明敘事想像（narrative imagination）在權力政治的建構和管理上扮演了重要角色，他說：

對破壞性故事（destructive stories）（它往往降低了相異而傾向一致）而言，最好的回應是以解構故事（deconstructive stories）來抵制，解構故事可削弱僵固認同的虛幻誘惑並將我們開放至敘事交替與變異（narrative alternation and mutation）的過程（把自我視為他者或敘述的），以故事來解開故事。解放的敘事可以回應癱瘓和監禁的敘事，歷史充滿了這種矛盾衝突的故事，像是精神分析的或是宗教的，因此為什麼政治應該免於這種複雜的敘事想像？（Kearney和Taylor, 2005，頁21）

另一方面，Whitebrook（2001）視敘事認同為置身（situated）和崁入（embedded）於政治脈絡，她寫下：

對於任何特定的人來説，他們的認同在某種程度上是一個政治問題，他們的運作與否是處於政治世界中，他們的認同得到確定，部分是藉由他們的政治地位或活動的認可，以及他們作爲政治行動者的潛在行爲。（頁140）

兩者都支持這樣一種觀點，即敘事永遠不會侷限於個人，它同時也是社會的、歷史的和政治的，甚至當敘事作爲自我研究的一種形式時，它能導致個人和集體的社會行動（Pithouse, Mitchell, & Moletsane, 2009），這種觀點類似於我們前面提供的例子。透過這種方式，敘事的運作超越對個人的影響，因爲它可以影響社會政策、政治行動、以及更廣泛的教育和政治的改革。

一個有力的證據顯示敘事聯結了社會、文化、歷史和政治，在衝突後進行和解過程和在分裂社會和社區進行療癒時可以使用敘事。根據Gobodo-Madikizela和Van Der Merwe（2009）指出，敘事在治癒人類和政治創傷方面扮演重要角色，可以作爲暴力事件後對話和協商以使回憶改變的基礎。敘事提供個人和社群機會，以聽取彼此痛苦和遭遇的故事和回憶，並且也允許哀悼、懺悔和請求原諒。在拉丁美洲真相委員會（Latin American Truth Commissions）納入了受害者的敘事，南非的真相與和解委員會（Truth and Reconciliation Commissions）鼓勵受害者和肇事者進行敘事，其他衝突後和解方案也已經提供受害者、肇事者、證人、旁觀者以及他們家人和群體的故事。與過去經驗和記憶有關的敘事可以讓人們在他者的情感和動機的脈絡下看到他者，理解複雜的關係網絡，並且最重要的是，將他者視爲同胞。尋求敘事真理將人們置身於他者，允許個人踏上探索和理解的旅程，理解這些過去的事件和記憶如何影響個人思考他們是誰的方式。

然而，後衝突轉型（post-conflict transformation）的敘說過程並不僅是使個人和群體能夠回到過去，並從歷史相反面去聆聽故事，本書所探討敘說過程的本質和深刻交會的力量能夠使得分裂的社群能夠團聚，並尋求共同的未來之路。重建和共享的敘事是未來的基礎。

有些人可能認爲這個過程類似於敘事治療或大多數治療工作，因爲它使個人透過尊重和關懷的方式重新構建他們的個人敘事來療癒自己。它利用個人的豐富資源，如他們的技能、能力、信念、價值觀、承諾，以及最重要的是解決自己生命問題的能力。White與Espton（1990）進一步指出，本書描述的敘事教育學與敘事治療在意義上緊密相關，他們二者都共同重視催化的要素，包含透過質疑、對話及對話者的眞實參與等。

然而，在其他部分，我們已指出生命敘事作爲教育學和治療被探究的方式有明顯的區別。Gill（2009）認爲，根本的差異在於以下兩方面：第一，當敘說過程應用於教育的場所和空間，不同於敘事療法的是，敘說者不被視爲「生病」或「受傷」，等待要被處置和治癒，個人生命也不視爲等待問題來被解決。其次，敘說交會的目的是在學習，且更大程度上是互惠學習。相較之下，敘事作爲治療主要在透過探究故事，以便能理解問題及其對個人生活的影響，並基於特定的診斷提供解決方案。因此，敘事作爲一種學習追求，完全不同於心理治療被使用的敘事。

毫無疑問地，從本書所包含的所有個案研究，我們發現治療敏感度（therapeutic sensitivity）和情感同理（emotional empathy）的重要性。我們也認爲敘事教育學通常具有治療性的效果（Lieblich, McAdams & Josselson, 2004）。這裡眞正存在的問題是，敘說交會究竟有多大程度依靠於預編碼知識（pre-codified knowledge），它被調用和應用的方式是了解敘說交會如何運作的關鍵。本書所提供的大部分例子會建議，越多的人在靠近他人時，能以平等方式、重視本土化、願意彼此專心傾聽，也就有

越多的可能成就一種賦權和教育學的關係。

四 敘事教育學──旅程回顧

在本書的前面部分可以反映一個信念，我們自身的學習和理解底下是有一個螺旋過程，在本書最後一章的最後一部分，是重新審視我們的旅程、我們的對話以及回顧我們自己的學習和理解的好時機。

首先，本書匯集了生命敘事的相關概念和如何概念化的過程，並將它們放在一起，以澄清敘事、學習和人格之間的關係。透過這樣的方式也突顯了後現代解釋的觀點，這些回顧幫助我們指出後現代在理解認同和自我性的困境，當自我越是「去中心」、「破碎化」、「多樣性」和「移動的」，就越需要發展某種的凝聚，使未來朝向有意義和聯合性的行動。

這也導致本書第二個嘗試──建立敘事在人類生命和社會研究中的重要性。我們主張敘事的本質，從研究人員邀請個人參與對他們具有意義的傳記方式進行。我們已處理在該領域中所關注的問題，特別是在社會研究方面，藉由深入敘事和生命史訪談，在探究個人生命之流時可以進行有意義的介入，而非躲在「隔離」、「客觀性」和其他研究倫理模式的概念後面，我們建議應該要更「貼近和個人化」，並在敘事和生命史工作中擁抱關係的重要性。

仔細研究個人在他們的敘述中所採用的方式，讓我們有機會進一步發展敘事能力的概念，這是Ivor和其同事在生命學習計畫已進行的分析工作。我們的分析使我們能夠呈現不同敘事性的一個光譜，這種分析特別重要，因為它提供一個框架，讓我們能敏查說故事者的學習潛力。

雖然我們可能能夠描述個人在光譜中的敘事能力，但敘說過程本身並不強調程序性。良好的意圖是重要的，創造一個信任的和心靈的空間是營

造開放氛圍的關鍵，讓個人感覺到分享他們的生命敘事是舒服的，這也是我們做為人（在各種不同層面如：認知、話語、情感和心靈等），與彼此相遇的地方。

敘說交會和詳述牽涉編織和再編織某個個人化生命的版本，以形成系列的行動，此版本使人投入個人承諾、擁有權和能動性。因此，敘事是促進學習和個人發展的理想教育學之所在。本書的主要任務是探討敘說交會的本質及發展敘事教育學理論。由於個體敘事能力的差異，敘事教育學也會有所不同，對敘說交會關鍵因素的了解，可以從更深層次去重新審視教育學的概念。我們已經達到了這樣的結論，即敘事教育學是置身在教育者（教師或催化者）與學習者之間一種深層與關懷的關係，且學習中的互惠關係也與教育者的認同和統整密切相關。

從這個觀點來發展的敘事教育學站在兩個界面的交叉點：第一個界面是在象徵／心理秩序的個人敘事以及實行在物質世界的系列行動發展之間。這種關係是複雜的，每個人在這兩種力量之間發展出不同的平衡。在這一點上，敘事教育學的核心是敘事交會，它可以達成平衡並發展自我實現的行動過程。

第二個界面是在個體私人敘事與集體／社會敘事之間。當有更廣泛的社會敘事作為某種程度的調音時，通常個人的發展將進展得更好。例如，一位教師關切「重視每個孩子」及實施「多元教學」，此個人觀點可以在正義和平等為核心的社會敘事下運作。相同的，個人生活在過去或現在有衝突的社會，可能在個體和集體和解的觀念下運作。因此，個人敘事中包含與自我的和解，並且當連結至大眾的敘事及社會促使追求和平與和解時，這樣的環境被證明是最有功效的。

雖然內在反映和個人和解本身就很重要，但它們必須與外部脈絡的分析聯結起來才具有作用。它終究是「脈絡理論下的個人行動故事」。正如

馬克思（Marx）[1]所寫，人們創造了他們自己的歷史……但是他們無法自己選擇環境來達到前述的事。女人和男人必須對他們自己的故事有意識，並伴隨著對嵌入在其中的環境和社會脈絡進行持續評量。

　　從很多方面來看，這些關於個人與社會間關係的看法，幾乎顛覆了「個人即政治」（the personal is political）的既定格言。在當前世界裡，政治變得脫軌和企業無視民主體制，我們感覺到「政治是私人的」（the political is personal）。這意味著什麼？在前述衝突解決的例子中，社會解決方式的模式必須從下而上成長，也就是從個人和解的模式開始，如果沒有在個體層面有廣泛的和解，很難設想會有重大的國家和解。

　　這使我們回到從敘述到發展出統整的路徑。自我實現取決於且源自於對某個敘事的象徵或心理建構，並轉向日常生活世界中行動的定義和擘畫的能力。敘事教育學旨在運用策略賦權人們並擴展其能力，以從敘事結構的內在事務移動到與他人以及更寬廣世界的「外在關聯」。

　　在內在敘事建構與人們在世界上行動之間聯繫的終身發展中，我們可以看出，統整性（integrity）確實是一種學習的傾向。敘事教育學可以建立在這種學習傾向上，但介入的實施常在事件發生後。個體持續在學習的軌跡上，所以教育學交會（pedagogic encounter）有助於聚焦或澄清，敘事教育學具有主動預先處理和持續反思後半生（afterlife），而使統整性成為一個持續的目標。

▌問題討論

　　本書的最後一章，我們想要恢復我們之前的觀點－即敘說學習與道德

---

[1] Karl Marx (1852), *The Eighteenth Brumaire of Louis Napoleon*.

自我間是有關的，我們並未意圖道德化或建議有必要對個人及他們的行為施加某種道德判斷。敘說學習最終與追求個人幸福和他們的社群福祉息息相關。

雖然本書中的大部分討論都集中在教育學交會是一對一或面對面的，但我們要記得互動本身也是非常重要的社會和集體過程。因此，在本章中，我們簡要介紹在集體環境中它所扮演的角色，在我們的下一本書《敘事與批判教育學》（Narrative and Critical Pedagogy）中，我們打算更詳細地探討集體這個向度。在本章中，我們提供了與碩士課程學生合作發展的學習傳記的例子，這非常具啓發性。我們希望在集體環境中展示這種學習能力的潛力，以產生新的洞見和理解。

敘事教育學著重於描述教師／教育者的認同和統整性。當Desmond Tutu被問及他是如何鼓勵北愛爾蘭的受害者和加害者間以最具變革性的方式分享敘事時，他說：「透過轉換」。同樣地，敘事教育也借鑒自個人、情感、社會和靈性資源中，以便催化安全、信任和鼓舞人心的空間，以達成敘說學習。這個過程本身對教師／教育者就是種深刻學習。

還有一些問題也是本書所關切並期望探究的，可能會進一步擴展我們的思考，這些問題如下：

- 探討了在師資培育碩士課程中嵌入敘說學習的好處後，高等教育在建構敘說交會的資源上，還有什麼其他可能途徑和機會？
- 敘事教育學可以用於兒童教育嗎？爲什麼？爲什麼不行？
- 自傳已被使用在許多成人學習情境中，你能想到一個運作的例子，並將其與學習傳記的運作進行比較，有什麼相似之處？有什麼差異？
- 傳記如何運作（類似於學習傳記的例子）以幫助產生集體理解及重塑社群關係？

▌延伸閱讀

Dean, R. G. (1998). A narrative approach to groups. *Clinical Social Work Journal, 26*(1), 23-37.

Denzin, N. (1989). *Interpretive biography*. London: Sage.

Gilmore, L. (2001). *The limits of autobiography: Trauma and testimony*. Ithaca, NY: Cornell University Press.

Newton, A. (1995). *Narrative ethics.* Cambridge, MA: Harvard University Press.

Nussbaum, M. (1990). *Love's knowledge: Essays on philosophy and literature*. New York:

Oxford University Press. Tonkin, E. (1992). *Narrating our pasts: The social construction of oral history*. Cambridge, UK: Cambridge University Press.

Whitebrook, M. (2001). *Identity, narrative and politics*. London: Routledge.

參考文獻

Allen, S. (2002). Reflection/refraction of the dying light: Narrative vision in nineteenth-century Russian and French fiction. *Comparative Literature*, (Winter 2002).

Anderson, N. (1923). *The hobo: The sociology of the homeless man.* Chicago: University of Chicago Press.

Arendt, A. (1958). *The human condition.* Chicago: University of Chicago Press.

Atkinson, P. (1997). Narrative turn or blind alley? *Qualitative Health Research*, 7(3), 325–344.

Bakhtin, M. (1981). *The dialogic imagination.* Austin: University of Texas Press.

Bakhtin, M. (1984). *Problems of Dostoevsky's poetics.* C. Emerson (Ed. & Trans.). Minneapolis, MN: University of Michigan Press.

Bar-On, B. (1993). Marginality and epistemic privilege. In L. Alcoff & E. Potter (Eds.). *Feminist epistemologies.* New York: Routledge.

Bar-On, R., & Parker, J. (2000). *The handbook of emotional intelligence: Theory, development, assessment, and application at home, school, and in the workplace.* San Francisco: Jossey-Bass.

Barthes, R. (1975). *The pleasure of the text.* New York: Hill & Wang.

Barthes, R. (1977). *Image, music, text.* New York: Hill & Wang.

Beattie, T. (2003). *Woman, New Century Theology Series.* London & New York: Continuum.

Becker, H. (1971). *Sociological work: Method and substance.* New Brunswick, NJ: Transaction.

Berger, R., & Quinney, R. (2004). *Storytelling sociology: Narrative as social inquiry.* Boulder, CO: Lynne Rienner.

Biesta, G. J. J., & Tedder, M. (2006). How is agency possible? Towards an ecological understanding of agency-as-achievement. Working paper 5. Exeter, UK: The Learning Lives Project.

Birren, J., & Cochran, K. (2001). *Telling the stories of life through guided autobiography groups.* Baltimore, MD: Johns Hopkins University Press.

Booker, C. (2004). *The seven basic plots: Why we tell stories.* London: Continuum.

Bornat, J. (2002). A second take: Revisiting interviews with a different purpose. *Oral History,* 31(1), 47–53.

Bourdieu, P. (1994). *Language and symbolic power.* Oxford: Polity.

Brooks, P. (1984). *Ready for the plot: Design and intention in narrative.* Cambridge, MA & London: Harvard University Press.

Bruner, J. (1985). Narrative and paradigmatic modes of thought. In E. Eisner (Ed.), *Learning and teaching the ways of knowing.* 84th Yearbook of the National Society of Education (pp. 99–115). Chicago: University of Chicago Press.

Bruner, J. (1990). *Acts of meaning: Four lectures on mind and culture.* Cambridge, MA: Harvard University Press.

Bulmer, M. (1984). *The Chicago school of sociology.* Chicago: University of Chicago Press.

Butler, J. (1990). *Gender trouble: Feminism and the subversion of identity.* New York: Routledge.

Butler, J. (1999). *Gender trouble: Feminism and the subversion of identity.* New York: Routledge.

Butler, R. (1963). The life review: An interpretation of reminiscence in the aged. *Psychiatry, 26,* 65–75.

Carr, D. (2000). *Professionalism and ethics in teaching.* London: Routledge.

Carter, K. (1993). The place of story in the study of teaching and teacher education. *Educational Researcher, 22*(1), 5–18.

Casey, K. (1995). The new narrative research in education. *Review of Research in Education, 21,* 211–253.

Castells, M. (1997). *The power of identity, the information age: Economy, society and culture Vol. II.* Cambridge, MA & Oxford, UK: Blackwell.

Chodorow, N. (1986). Toward a relational individualism: The mediation of self through psychoanalysis. In T. Heller, M. Sosua, & D. Wellberg (Eds.). *Reconstructing individualism* (pp. 197–207). Stanford, CA: Stanford University Press.

Christman, J. (2004). Narrative unity as a condition of personhood. *Metaphilosophy, 35*(5), 695–713.

Clandinin, D., & Connelly, M. (2000) *Narrative inquiry: Experience and story in qualitative research.* San Francisco: Jossey-Bass.

Cohen, L., Mannion, L. & Morrison, K. [E4](2000). *Research methods in education.* London: Routledge.

Cole, A. L., & Knowles, J. G. (2000). *Researching teaching: Exploring teacher development through reflexive inquiry.* Needham Heights, MA: Allyn & Bacon.

Cole, A., & Knowles, J. (Eds.). (2001). *Lives in context: The art of life history research.* Walnut Creek, CA: AltaMira.

Connelly, F., & Clandinin, D. (1990). Stories of experience and narrative inquiry. *Educational Researcher, 19*(5), 2–14.

Cortazzi, M. (1993) *Narrative Analysis. Falmer Social Research and Educational Studies Series: 12,* London: Falmer /Routledge.

Cortazzi, M., & Jin, L. (1996). Cultures of learning: Language classrooms in China. In H. Coleman (Ed.), *Society and the language classroom* (pp. 169–206). Cambridge, MA: Cambridge University Press.

Crapanzano, V. (1999). On dialogue. In T. Maranhão (Ed.), *The interpretation of dialogue* (pp. 269–291). Chicago: University of Chicago Press.

Czarniawska, B. (2004). *Narratives in social science research.* Thousand Oaks, CA: Sage.

Damasio, A. (1995). *Descartes's error: Emotion, reason, and the human brain.* New York: Putnam.

Day, C. (2004). *A passion for teaching.* London: RoutledgeFalmer.

Day, C. & Leitch, R. (2001). Teachers' and teacher educators' lives: The role of emotion. *Teaching and Teacher Education, 17*(4), 403–415.

Denzin, N. (1997). *Interpretative ethnography: Ethnographic practices for the 21st century.* Thousand Oaks, CA: Sage.

Denzin, N. (2004). Preface. In M. Andrews, S. D. Sclater, C. Squire, & A. Treacher (Eds.), *The uses of narrative.* New Jersey: Transaction.

Deslandes, J. (2004). A philosophy of emoting. *Journal of Narrative Theory, 34*(3), (Fall 2004), 335–372.

Dewey, J. (1916). *Democracy and education.* New York: Macmillan.

Dirkx, J. (1997). Nurturing soul in adult learning. In P. Cranton (Ed.), *Transformative learning in action: Insights from practice.* San Francisco: Jossey-Bass.

Dollard, J. (1949). *Criteria for the life history.* Magnolia, MA: Peter Smith.

Dominicé, P. (2000). *Learning from our lives: Using educational biographies with adults.* San Francisco: Jossey-Bass.

Elbaz, F. (1990). Knowledge and discourse: The evolution of research on teacher thinking. In C. Day, M. Pope, & P. Denicolo (Eds.), *Insights into teacher thinking and practice* (pp. 15–42). London: RoutledgeFalmer.

Epston, D., & White, M. (1990). *Narrative means to therapeutic ends.* New York: Norton.

Flood, G. (2000). Mimesis, narrative and subjectivity in the work of Girard and Ricoeur. *Journal for Cultural Research, 4*(2), 205–215.

Foucault, M. (1972). *Archaeology of knowledge.* New York: Pantheon.

Foucault, M. (1988). The political technology of individuals. In L. Martin, H. Gutman, & P. Hutton (Eds.), *Technologies of the self: A seminar with Michel Foucault* (pp. 145–163). London: Tavistock.

Freeman, M. (2007). Performing the event of understanding in hermeneutic conversations with narrative texts. *Qualitative Inquiry, 13*(7), 925–944.

Freire, P. (1970). *Pedagogy of the oppressed.* New York: Continuum.

Gadamer, H. -G. (1989). *Truth and method* (first published in 1960). New York: Seabury.

Gadamer, H. -G. (1977). *Philosophical hermeneutics.* David E. Linge (Trans. & Ed.). Berkeley, CA & Los Angeles, CA: University of California Press.

Geertz, C. (1983). Blurred genres: The refiguration of social thought. In C. Geertz (Ed.), *Local knowledge. Further essays in interpretive anthropology*. New York: Basic.

Gergen, K. J. (1996). Beyond life narratives in the therapeutic encounter. In J. E. Birren & G. M. Kenyon (Eds.), *Aging and biography: Explorations in adult development* (pp. 205–223). New York: Springer.

Gergen, K. (1998). Narrative, moral identity and historical consciousness: A social constructionist account. In In J. Straub (Ed.), *Identitat und historisches Bewusstsein*. Frankfurt: Suhrkamp. Retrieved fromhttp://www.swarthmore.edu/Documents/faculty/gergen/Narrative_Moral_Identity_and_Historical_Consciousness.pdf

Gibson, F. (1994). *Reminiscence and recall: A guide to good practice*. London: Age Concern England.

Giddens, A. (1990). *The consequences of modernity*. Cambridge, MA: Polity.

Giddens, A. (1991). *Modernity and self-identity. Self and society in the late modern age*. Cambridge, MA: Polity.

Gill, S. (2005). *Learning across cultures* (unpublished thesis). University of Sussex, East Sussex, UK.

Gill, S. (2007a). Overseas students' intercultural adaptation as intercultural learning: A transformative framework. *Journal of Comparative and International Education, 37*, 167–183.

Gill, S. (2007b). Engaging teachers' learning as whole person. Paper presented at SHRE Annual Conference, December 2007, Brighton, UK.

Gill, S. (Ed.). (2009). *Exploring selfhood: Finding ourselves, finding our stories in life narratives*. Brighton, UK: Guerrand-Hermès Foundation.

Gill, S. (2010). The homecoming: An investigation into the effect that studying overseas had on Chinese postgraduates' life and work on their return to China. *Journal of Comparative and International Education, 40*(3), 359–376.

Gill, S., & Goodson, I. (2010). Narrative and life history research. In B. Somakh & C. Lewin (Eds.), *Handbook of social research* (pp. 157–165). London: Sage.

Gill, S., & Thomson, G. (2009). *Human-centred education*. Brighton, UK: Guerrand-Hermès Foundation.

Gilligan, C. (1982). *In a different voice*. Cambridge, MA: Harvard University Press.

Glass, J. (1993). *Shattered selves: Multiple personality in a postmodern world*. Ithaca, NY: Cornell University Press.

Gobodo-Madikizela, P. & Van der Merwe, C. (2009). *Memory, narrative, and forgiveness: Perspectives on the unfinished journeys of the past*. New Castle, UK: Cambridge Scholars.

Gobodo-Madikizela, P. (2003). *A human being died that night: A South African story of forgiveness*. Boston, MA: Houghton Mifflin.

Goffman, E. (1959). *The presentation of self in everyday life*. Garden City, NY: Anchor.

Goleman, D. (1995). *Emotional intelligence*. New York: Bantam.

Goodson, I. (1991). Sponsoring the teacher's voice. *Cambridge Journal of Education,* Vol. 21, No. 1.

Goodson, I. (Ed.). (1992a). *Studying teachers' lives.* New York: Teachers College Press.

Goodson, I. (Ed.). (1992b). *Teachers' lives,* New York & London: Routledge.

Goodson, I. (1992c & 2005). *Learning, curriculum and life politics.* Abingdon: Routledge.

Goodson, I. (1995). The story so far: Personal knowledge and the political. *Qualitative Studies in Education*

Goodson, I. (2003). *Professional knowledge/professional lives.* London & New York: Open University Press.

Goodson, I. (2006). The rise of the life narrative. *Teachers Education Quarterly* (Fall 2006).

Goodson, I. (2010, forthcoming). *Developing narrative theory.* New York & London: Routledge.

Goodson, I., Biesta, G., Tedder, M., & Adair, N. (2010). *Narrative learning.* Abingdon: Routledge.

Goodson, I., & Sikes, P. (2001). *Life history in educational settings: Learning from lives.* Buckingham, UK: Open University Press.

Grassie[E9], W. (2008). *Entangled narratives: Competing visions of the good life.* Paper presented at a symposium of the US-Sri Lankan Fulbright Commission in Colombo, January 4, 2008.

Guba, E., & Lincoln, Y. (1994). Competing paradigms in qualitative research. In N. Denzin & Y. Lincoln (Eds.), *Handbook of qualitative research.* London: Sage.

Habermas, J. (1971). *Knowledge and human interests.* J. J. Shapiro (Trans.). Boston, MA: Beacon.

Halbwachs, M. (1980). *The collective memory.* F. Dulles & V. Ditter (Trans.). New York: Harper & Row.

Hargreaves, A., & Goodson, I. (1996a). Teachers' professional lives: Aspirations and actualities. In I. I. Goodson & A. Hargreaves (Eds.), *Teachers' professional lives* (pp. 1–27). Washington, DC: RoutledgeFalmer.

Hargreaves, A., & Goodson, I. (Eds.). (1996b). *Teachers' professional lives.* London; New York; & Philadelphia, PA: RoutledgeFalmer.

Hatch, J., & Wisniewski, R. (1995). Life history and narrative: Questions, issues and exemplary works. In J. A. Hatch & R. Wisniewski (Eds.), *Life history and narrative* (pp. 113–135). Washington, DC: RoutledgeFalmer.

Hayden, T. (1980). *One child.* New York: Avon.

Hayden, T. (1995). *Tiger's child.* New York: Avon.

Heinze, M. (2009). Affectivity and personality: Mediated by the social. *Philosophy, Psychiatry, & Psychology, 16*(3), 273–275.

Hekman, S. (2000). Beyond identity: Feminism, identity and identity politics. *Feminist Theory, 1,* 289–308.

Hendry, P. (2007). The future of narrative. *Qualitative inquiry, 13*(4), 487–498.

Herman, D., Jahn, M., & Ryan, M. (2005). *Routledge encyclopedia of narrative theory.* London: Routledge.

Heron, J. (1992). *Feeling and personhood: Psychology in another key.* London: Sage.

Hinchman, L., & Hinchman, S. (1997). *Memory, identity, community. The idea of narrative in the human sciences.* New York: SUNY Press.

Hitchcock, G., & Hughes, D. (1995). *Research and the teacher: A qualitative introduction to school-based research* (2nd ed.). London: Routledge.

Hogan, P. (2000). Gadamer and the philosophy of education. Encyclopedia of philosophy of education, Retrieved from http://www.ffst.hr/ENCYCLOPAEDIA/doku.php?id=gadamer_and_philosophy_of_education)

Hogan, P. (2003). *The mind and its stories: Narrative universals and human emotion.* Cambridge, MA: University of Cambridge Press.

Izard, C. (1991). *The psychology of emotions.* London & New York: Plenum.

Jack, D. (1991). *Silencing the self: Depression and women.* Cambridge, MA: Harvard University Press.

Jolly, M. (2001). *The encyclopaedia of life writing.* London & New York: Fitzroy Dearborn/Routledge.

Josselson, R. (1995). *The space between us: Exploring the dimensions of human relationships: Exploring dimensions of human relationships* (pp. xii/xiii). Thousand Oaks, CA: Sage.

Karpiak, I. (2003). The ethnographic, the reflective, and the uncanny: Three "tellings" of autobiography. *Journal of Transformative Education,* Vol. 1, No. 2, pp. 99–116.

Kearney, R., & Taylor, V. (2005). A conversation with Richard Kearney. *Journal for Cultural and Religious Theory, 6*(2), 17–26.

Knowles, J. (1993). Life-history accounts as mirrors: A practical avenue for the conceptualization of reflection in teacher education. In J. Calderhead & P. Gates (Eds.), *Conceptualizing reflection in teacher development* (pp. 70–98). London: RoutledgeFalmer.

Kolak, D., & Thomson, G. (2005). *The Longman standard history of philosophy* (w/G. Thomson). New York: Pearson/Longman.

Koschmann, T. (1999). *Toward a dialogic theory of learning: Bakhtin's contribution to understanding learning in settings of collaboration.* International Society of the Learning Sciences, 38.

Labov, W. (1972). *Language in the inner city.* Philadelphia, PA: University of Pennsylvania Press.

Labov, W. (1997). Some further steps in narrative analysis. *Journal of Narrative and Life History, 7,* 395–415.

Lazarus, R. (1991). *Emotion and adaptation.* Oxford: Oxford University Press.

Lieblich, A., McAdams, D., & Josselson, R. (Eds.). (2004). *Healing plots: The narrative basis of psychotherapy.* San Francisco: American Psychological Association.

Lyard, R., & Dunn, J. (2009). *A good childhood: Searching for values in a competitive age.* London: The Children's Society.

Lyon, D. (2000). *Postmodernity: Concepts in social thought.* Minneapolis, MN: University of Minnesota Press.

Lyotard, J. -F. (1984). The postmodern condition. Manchester, UK: Manchester University Press.

MacIntyre, A. (1981). Ideology, social science and revolution. *Comparative Politics, 5,* 321–341.

MacIntyre, A. (1984). *After virtue.* Notre Dame, IN: University of Notre Dame Press.

McAdams, D. (1993). *The stories we live by: Personal myths and the making of the self.* New York: Morrow.

McAdams, D. (1996). Personality, modernity, and the storied self: A contemporary framework for studying persons. Psychological Inquirymedium-normal>, 7medium-normal>, 295–321.

McAdams, D., Josselson, R., & Lieblich, A. (Eds.). (2006). *Identity and story: Creating self in narrative.* Washington, DC: APA.

Macmurray, J. (1961). *Persons in relations.* London: Faber.

Measor, L. & Sikes, P. (1992). Visiting lives: Ethics and methodology in life history. In I. Goodson (Ed.), *Studying teachers' lives* (pp. 209–233). New York: Teachers College Press.

Mezirow, J. (1978). *Education for perspective transformation: Women's re-entry programs in community colleges.* New York: Teachers College Press.

Mezirow, J. (1990). *Fostering critical reflection in adulthood. A guide to transformative and emancipatory learning.* San Francisco: Jossey-Bass.

Mezirow, J. (1991). *Transformative dimensions of adult learning.* San Francisco: Jossey-Bass.

Mezirow, J. (1995). Transformation theory of adult learning. In M. Welton (Ed.), *In defense of the life world.* New York: SUNY Press.

Mezirow, J. (Ed.). (2000). *Learning as transformation—critical perspectives on a theory in progress.* San Francisco: Jossey-Bass.

Miles, M., & Huberman, A. (1994). *Qualitative data analysis: An expanded sourcebook* (2nd ed.). Thousand Oaks, CA: Sage.

Muchmore, J. (2002). *Methods and ethics in a life history study of teacher thinking. The Qualitative Report, 7*(4), 1–18.

Myerhoff, B. (1992). *Remembered lives: The work of ritual, storytelling, and growing older.* Ann Arbor, MI: University of Michigan Press.

Noddings, N. (2010). Moral education in an age of globalization. *Educational Philosophy and Theory, 42*(4), 390–396.

Nussbaum, M. (1988), Nonrelative virtues: An Aristotelian approach. In P. French, T. Uehling, & H. Wettstein (Eds.), *Midwest studies in philosophy*, Vol. XIII: Ethical theory: Character and virtue. Notre Dame, IN: Notre Dame University Press.

Nussbaum, M. (1990). *Love's knowledge: Essays on philosophy and literature.* New York: Oxford University Press.

Oakley, A. (1981). Interviewing women: A contradiction in terms? In H. Roberts (Ed.), *Doing feminist research.* London: Routledge.

Ojermark, A. (2007). *Presenting life histories: A literature review and annotated bibliography.* CPRC Working Paper 101, Retrieved from http://www.chronicpoverty.org/uploads/pu blication_files/WP101_Ojermark.pdf

Palmer, P. (1998). *The courage to teach: Exploring the inner landscape of a teacher's life.* San Francisco: Jossey-Bass.

Park, R. (1952). *Human communities: The city and human ecology.* Glencoe, IL: Free Press.

Park, R., Burgess, E., & McKenzie, R. (1925). *The city.* Chicago: University of Chicago Press.

Pence, J. (2004). Narrative emotion: Feeling, form and function. *Journal of Narrative Theory, 34*(3), 273–276.

Pithouse, K., Mitchell, C., & Moletsane, R. (Eds.). (2009). *Making connections: Self-study & social action,* New York: Peter Lang.

Plummer, K. (1990). Herbert Blumer and the life history tradition. *Symbolic Interaction,* Vol 13, pp. 125–144.

Plummer, K. (2001). *Documents of life 2: An invitation to critical humanism.* London: Sage.

Polkinghorne, D. (1988). *Narrative knowing and the human sciences.* New York: SUNY Press.

Polkinghorne, D. (1995). Narrative configuration in qualitative analysis. In A. Hatch & R. Wisniewski (Eds.) *Life History and Narrative.* Washington: Falmer, pp. 5–23.

Ricoeur, P. (1984). *Time and narrative I.* Chicago: University of Chicago Press.

Ricoeur, P. (1988). *Time and narrative,* K. McLaughlin & D. Pellauer (Trans.). Chicago: University of Chicago Press.

Ricoeur, P. (1992). *Oneself as another.* K. Blamey (Trans.). Chicago: University of Chicago Press.

Riessman, C. (2005). Exploring ethics: A narrative about narrative research in South India. *Journal for the Social Study of Health, Illness and Medicine, 9*(4), 473–490.

Rogers, C. (1951) *Client-centered therapy: Its current practice, implications and theory.* Boston: Houghton Mifflin.

Rogers, C. (1969). *Freedom to learn: A view of what education might become.* Columbus, Ohio: Charles E. Merrill.

Rosfort, R., & Stanghellini, G. (2009). The feeling of being a person. *Philosophy, Psychiatry, & Psychology, 16*(3), 283–288.

Sarup, M. (1993). *An introductory guide to post-structuralism and postmodernism.* Atlanta, GA: University of Georgia Press.

Sarup, M. (1996). *Identity, culture, and the postmodern world.* . Atlanta, GA: University of Georgia Press.

Schweiker, W. (2004). A preface to ethics: Global dynamics and the integrity of life. *Journal of Religious Ethics, 32*(1), 13–38.

Sermijn, J., Devlieger, P., & Loots, G. (2008). The narrative construction of the self: Selfhood as a rhizomatic story. *Qualitative Inquiry, 14*(4), 632–650.

Shaw, C. (1930). *The jack-roller: A delinquent boy's own story.* Chicago: University of Chicago Press.

Sikes, P., Nixon, J., & Carr, W. (Eds.). (2003). *The moral foundations of educational research: Knowledge, inquiry and values.* Maidenhead, UK: Open University Press/McGraw Hill Educational.

Steedman, C. (1986). *Landscape for a good woman.* London: Virago.

Stones, R. (1996). *Sociological reasoning: Towards a post-modern sociology.* London: Macmillan.

Taylor, C. (1989). *Sources of the self: The making of the modern identity.* Cambridge, MA: Harvard University Press.

Taylor, C. (1991). *The ethics of authenticity.* Cambridge, MA. Harvard University Press.

Taylor, E. (1998). *The theory and practice of transformative learning: A critical review.* Columbus, OH: ERIC Clearinghouse on Adult, Career, and Vocational Education.

Tetlock, P. (1983). Accountability and complexity of thought. *Journal of Personality and Social Psychology, 45*(1), 74–83.

Thomas, W., & Znaniecki F. (1918–1920). *The Polish peasant in Europe and America: Monograph of an immigrant group.* Urbana, IL: University of Illinois Press.

Thomas, W., & Znaniecki, F. (1958). Methodological note. In Part I: Primary group organization of *The Polish peasant in Europe and America* I (pp. 1–86). New York: Dover.

Thomson, G. (1987). *Needs.* International Library of Philosophy series, London & New York: Routledge & Kegan Paul.

Thomson, G. (2002). *On the meaning of life.* Belmont, CA: Wadsworth.

Thrasher, F. (1927). *The gang.* Chicago: University of Chicago Press.

Turkle, S. (1995). *Life on the screen: Identity in the age of the Internet.* New York: Simon & Schuster.

Voloshinov, V. (1973). *Marxism and the philosophy of language.* Cambridge, MA: Harvard University Press.

Waks, L. (2010). *John Dewey on listening in school and society.* Paper presented at the Annual Conference of Society of Educational Philosophy, March 2010, Oxford.

Wenger, E. (1998). *Communities of practice: Learning, meaning, and identity.* Cambridge, MA: Cambridge University Press.

White, M., & Epston, D. (1990). *Narrative means to therapeutic ends.* New York: W. W. Norton.

Whitebrook, M. (2001). *Identity, narrative and politics.* London: Routledge.

Wirth, L. (1928). *The ghetto.* Chicago: University of Chicago Press.

Witherell, C. (1995). Narrative landscapes and the moral education: Taking the story to heart. In H. McEwan & K. Egan (Eds.), *Narrative in teaching, learning, and research.* (pp. 39–49). New York: Teachers College Press.

Witherell, C., & Noddings, N. (1991) *Stories lives tell: Narrative and dialogue in education.* New York: Teachers College Press.

Zorbaugh, H. (1929). *The Gold Coast and the slum: A sociological study of Chicago's. Near North Side.* Chicago: University of Chicago.

專有名詞中英對照及索引

國家圖書館出版品預行編目資料

敘事教育學：生命史取向／Ivor F. Goodson,
Scherto R. Gill著；丁奇芳，王勇智，洪
慧真，張慈宜，陳永祥，蔡仲庭，鄧明宇,
賴誠斌譯. ——二版.——臺北市：五南圖
書出版股份有限公司, 2023.07
　面；　公分
譯自：Narrative pedagogy : life history
　　　and learning
ISBN 978-626-343-827-9 (平裝)

1.CST: 教育學說

520.15　　　　　　　　　　112001419

1BOY

敘事教育學：生命史取向

作　　者 — Ivor F. Goodson, Scherto R. Gill

譯　　者 — 丁奇芳、王勇智、洪慧真、張慈宜、陳永祥
　　　　　　蔡仲庭、鄧明宇、賴誠斌

發 行 人 — 楊榮川

總 經 理 — 楊士清

總 編 輯 — 楊秀麗

副總編輯 — 王俐文

責任編輯 — 金明芬

封面設計 — 王麗娟

出 版 者 — 五南圖書出版股份有限公司

地　　址：106臺北市大安區和平東路二段339號4樓

電　　話：(02)2705-5066　　傳　　真：(02)2706-6100

網　　址：https://www.wunan.com.tw

電子郵件：wunan@wunan.com.tw

劃撥帳號：01068953

戶　　名：五南圖書出版股份有限公司

法律顧問　林勝安律師

出版日期　2020年2月初版一刷
　　　　　2021年3月初版二刷
　　　　　2023年7月二版一刷

定　　價　新臺幣400元

經典永恆・名著常在

五十週年的獻禮 —— 經典名著文庫

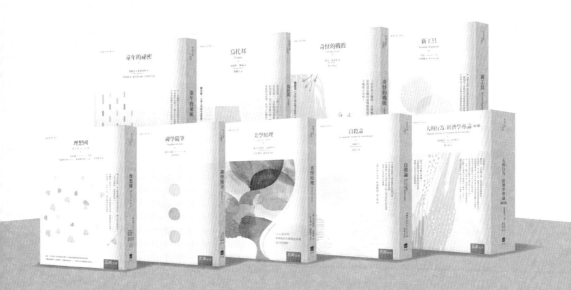

五南，五十年了，半個世紀，人生旅程的一大半，走過來了。

思索著，邁向百年的未來歷程，能為知識界、文化學術界作些什麼？

在速食文化的生態下，有什麼值得讓人雋永品味的？

歷代經典・當今名著，經過時間的洗禮，千錘百鍊，流傳至今，光芒耀人；

不僅使我們能領悟前人的智慧，同時也增深加廣我們思考的深度與視野。

我們決心投入巨資，有計畫的系統梳選，成立「經典名著文庫」，

希望收入古今中外思想性的、充滿睿智與獨見的經典、名著。

這是一項理想性的、永續性的巨大出版工程。

不在意讀者的眾寡，只考慮它的學術價值，力求完整展現先哲思想的軌跡；

為知識界開啟一片智慧之窗，營造一座百花綻放的世界文明公園，

任君遨遊、取菁吸蜜、嘉惠學子！